Discutir en español

Fremdsprachentexte | Spanisch

Discutir en español

Spanisch-deutsche Diskussionswendungen
mit Anwendungsbeispielen

Von Alexandre Vicent-Llorens

Reclam

RECLAMS UNIVERSAL-BIBLIOTHEK Nr. 19829
Alle Rechte vorbehalten
Copyright © 2013 Philipp Reclam jun. GmbH & Co. KG, Stuttgart
Gestaltung: Cornelia Feyll, Friedrich Forssman
Gesamtherstellung: Reclam, Ditzingen. Printed in Germany 2013
RECLAM, UNIVERSAL-BIBLIOTHEK und
RECLAMS UNIVERSAL-BIBLIOTHEK sind eingetragene Marken
der Philipp Reclam jun. GmbH & Co. KG, Stuttgart
ISBN 978-3-15-019829-2
www.reclam.de

Inhalt

Vorwort 7

1. Expresiones de uso frecuente en una discusión 12
   Häufig gebrauchte Wendungen in Diskussionsbeiträgen
2. Expresar opinión o reacción personal 26
   Meinungsäußerung oder persönliche Reaktion
3. Remarcar algo 40
   Aussageintensivierung
4. Expresar reserva 52
   Absicherung durch Einschränkung
5. Constatar hechos 60
   Konstatieren von Sachverhalten
6. Evaluar hechos 84
   Einschätzung von Sachverhalten
7. Contrastar informaciones y expresar oposición 98
   Gegensatz/Gegenüberstellung
8. Elementos de transición / Segmentos discursivos
   utilizados para evitar pausas 104
   Überleitung/Sprechpausenüberbrückung
9. Concluir y resumir 110
   Abschluss / Zusammenfassung von Gesprächsbeiträgen
10. Expresiones varias de uso frecuente en discusiones,
    conversaciones y comentarios 116
    Häufig gebrauchte allgemeine Wendungen beim Diskutieren
    und Kommentieren sowie im Gespräch – ohne besondere
    Zuordnung

Formulierungen zum organisatorischen Ablauf von
    Konferenzen und Sitzungen 137
Register der deutschen Übersetzungen 143

Vorwort

Discutir en español ist eine Sammlung von sprachlichen Wendungen, die Ihnen die Möglichkeit bieten, Ihre Meinung im Gespräch mit anderen zu vertreten oder ein Thema in verschiedenen Situationen zu erörtern bzw. darzustellen. Dabei geht es nicht nur um den mündlichen Austausch mit einem Gesprächspartner und um den rhetorischen Vortrag, sondern auch darum, wie Sie Ihre persönliche(n) Ansicht(en) schriftlich präsentieren können, sei es in akademischen Arbeiten, in Zeitungsartikeln oder im Rahmen der neuen Technologien mit ihrer Vielfalt an Textsorten.

Mit Hilfe der hier präsentierten Formulierungen und der dazugehörigen Beispiele können Sie schriftliche und mündliche Beiträge strukturieren und die passende Wendung für den geeigneten Anlass wählen.

Diese Zusammenstellung der wichtigsten und geläufigsten sprachlichen Strukturen möchte allen, die sich mit der spanischen Sprache beschäftigen, dabei helfen, in Situationen, in denen sie ihre Meinung äußern, besser und sicherer zu agieren, sich differenzierter auszudrücken und überzeugender aufzutreten.

Auswahl und Anordnung des Sprachmaterials

Die vorliegende spanischsprachige Sammlung entstand nach dem Muster der Bände *Discussing in English* und *Discuter en français* von Heinz-Otto Hohmann. Wie dort wurden auch hier zahlreiche Wendungen durch Beispiele für ihre konkrete Anwendung ergänzt. Übernommen wurde außerdem die Einteilung in zehn Kapitel. Allerdings ist die Zuordnung einer Wendung zu einem bestimmten Kapitel nicht immer eindeutig und manchmal auch subjektiv geprägt. In einigen Fällen finden sich Ausdrücke deshalb in zwei verschiedenen Kapiteln, wenn sie unterschiedliche pragmatische Funktionen haben können.

Die Anwendungsbeispiele

Die Anwendungsbeispiele zeigen, wie ein Ausdruck oder eine Wendung in einem konkreten Kontext verwendet wird. Es geht hier einerseits darum, die grammatikalische Einbindung in den Satz zu verdeutlichen, z. B. die Verwendung des *subjuntivo* nach einer ganzen Reihe von Ausdrücken. Andererseits zeigen die Beispiele auch typische Modelle bzw. stilistische Vorbilder für unterschiedlichste Diskussionsbeiträge.

Die Anwendungsbeispiele sind authentische Formulierungen von spanischen Muttersprachlern und entstammen sowohl gedruckten Quellen wie z. B. Zeitungen und dem Internet als auch dem eigenen Erfahrungsbereich des muttersprachlichen Autors.

Alle deutschen Übersetzungen wurden darüber hinaus von deutschen Muttersprachlern geprüft.

Zur Arbeit mit dem vorliegenden Buch

Für ein nachhaltiges Lernen ist es empfehlenswert, sich vor einem konkreten Anlass, z. B. einer mündlichen Prüfung, einer Klausur, einer Rede, mit den Kapiteln zu beschäftigen, die die jeweiligen Sprechabsichten abdecken. Es ist dabei nicht notwendig, ein vollständiges Kapitel zu lernen, da es viele synonyme Ausdrücke oder Wendungen mit ähnlicher Bedeutung gibt.

Man wählt daher am besten jeweils einen der Ausdrücke aus und stellt eine kurze Liste der Wendungen zusammen, die man in dem jeweiligen Kontext verwenden möchte. Sinnvoll ist es auf jeden Fall, sich eigene, auf die konkrete Situation zugeschnittene Anwendungsbeispiele auszudenken. Natürlich ist es auch möglich, etwa im Internet, nach weiteren Beispielen zu suchen. Zu einem späteren Zeitpunkt kann dann auf die gleiche Art und Weise der Wortschatz durch synonyme und inhaltlich ähnliche Ausdrücke erweitert werden.

Konferenzterminologie und Register

Der Diskussionswortschatz enthält im Anhang eine Zusammenstellung von »Formulierungen zum organisatorischen Ablauf von Konferenzen und Sitzungen«, die besonders für Teilnehmer(innen) an internationalen Konferenzen hilfreich sein dürfte.

Der Zugang zu der spanischen Diskussionsphraseologie wird durch ein detailliertes Stichwortregister, das alle deutschen Entsprechungen der Diskussionswendungen erfasst, auch vom Deutschen her ermöglicht.

Zeichen und Abkürzungen

(...)   Runde Klammern enthalten zusätzliches Sprachmaterial, das an die Stelle des vorausgehenden treten kann.

Vorwort   9

[...]	Eckige Klammern enthalten Wörter und Wendungen, die auch weggelassen werden können.
/	Der Schrägstrich grenzt alternative Wörter und Formulierungen voneinander ab.
alg.	alguien
jd.	jemand
jdm.	jemandem
jdn.	jemanden
jds.	jemandes
subj.	subjuntivo

Discutir en español

1. Expresiones de uso frecuente en una discusión

abordar (tratar) un problema ....
A lo largo de la discusión los políticos abordaron el problema de la inmigración irregular.

aducir (alegar) un argumento / rebatir (refutar) un argumento ....
(1) El abogado está alegando diferentes argumentos para defender a su cliente.
(2) En la junta de gobierno se han rebatido la mitad de los argumentos propuestos.

aducir un argumento (una hipótesis) ....
El argumento que ha aducido el abogado no es para nada (no es enteramente) convincente.

agruparse/clasificarse ....
La enciclopedia se agrupa en diferentes tomos según las épocas literarias.

antes que nada / en primer lugar ....
Antes que nada vamos a aclarar el problema principal.

Cualquiera que le (te) oiga hablar [así], va a creer que ... .
Cualquiera que le oiga hablar así, va a creer que conoce todos los entresijos de la historia.

1. Häufig gebrauchte Wendungen in Diskussionsbeiträgen

ein Problem ansprechen / auf ein Problem eingehen
Im Laufe des Gesprächs gingen die Politiker auf das Problem der illegalen Einwanderung ein.

ein Argument vorbringen / ein Argument widerlegen
(1) Der Anwalt bringt gerade unterschiedliche Argumente vor, um seinen Klienten zu verteidigen.
(2) Im Verwaltungsrat hat man die Hälfte der vorgebrachten Argumente widerlegt.

ein Argument (eine Hypothese) vorbringen
Das Argument, das der Anwalt vorgebracht hat, ist keineswegs (nicht ganz) überzeugend.

sich in etwas gliedern / sich in etwas einteilen lassen
Die Enzyklopädie gliedert sich in verschiedene Bände entsprechend der literarischen Epochen.

zuallererst/zuerst (zunächst / als erstes)
Zuallererst werden wir das Hauptproblem klären.

Wenn man Sie (dich) [so] [reden] hört, könnte man meinen, dass …
Wenn man Sie so reden hört, könnte man meinen, dass Sie die Geschichte bis ins Detail kennen.

dar una [pequeña] visión de conjunto sobre algo a alg. ....

Empezaré dándoles una pequeña visión de conjunto sobre la crisis financiera actual.

dejar algo de lado (aparte) ....

Me gustaría dejar de lado los puntos conflictivos para llegar como mínimo a un acuerdo.

en cuanto a … se refiere / en lo referente a … / en lo que se refiere a … ....

(1) En cuanto a internet se refiere, los periódicos digitales se encuentran dentro de las 100 webs más visitadas por los españoles.

(2) En lo que se refiere a los derechos humanos, aún queda mucho que hacer.

en el ámbito político (técnico, artístico, musical, etc.) / en este campo ....

¿Qué novedades hubo en aquella época en el ámbito musical?

En el caso que (En un caso como el que) nos ocupa … ....

En el caso que nos ocupa, se deben tener cuidadosamente en cuenta las ventajas y los inconvenientes.

En eso le (te) doy [toda] la razón. / En eso le (te) tengo que dar [toda] la razón. ....

14   Expresiones de uso frecuente

jdm. einen [kurzen] Überblick über etwas geben

Ich werde damit beginnen, dass ich Ihnen einen kurzen Überblick über die aktuelle Finanzkrise gebe.

etwas beiseite (außen vor) lassen

Ich würde gerne die strittigen Punkte beiseite lassen, um wenigstens eine [erste] Einigung zu erzielen.

was ... betrifft (angeht/anbelangt)

(1) Was das Internet betrifft, gehören die Online-Zeitungen zu den 100 meistbesuchten Webseiten der Spanier.

(2) Was die Menschenrechte angeht, muss noch viel getan werden.

im Bereich (auf dem Gebiet) der Politik (der Technik, der Kunst, der Musik usw.) / in diesem Bereich (auf diesem Gebiet)

Welche Neuerungen gab es zu dieser Zeit im Bereich der Musik?

In dem Fall, der (In einem Fall wie dem, der) uns [hier] beschäftigt, ...

In dem Fall, der uns [hier] beschäftigt, muss man die Vor- und Nachteile sorgfältig abwägen.

Da gebe ich Ihnen (dir) [allerdings] recht / Da muss ich Ihnen (dir) [allerdings] recht geben.

Esta (no) es una pregunta de interés general. ....

Esto ilustra [bien] lo que quiero decir. ....

Esto podría servir de ejemplo. ....

exponer el problema (las razones, los hechos, los motivos, etc.) [a alg.] ....
Este mediodía en una rueda de prensa extraordinaria les expondré los motivos de las nuevas reformas para la próxima legislatura.

hablando claro / en definitiva ....
La reunión de ayer no obtuvo resultados palpables ya que la mayoría de los temas fueron ampliamente criticados, hablando claro no pudimos acordar nada.

Hablando claro [eso] significa que ... .
Los sindicatos de trabajadores no han llegado a un acuerdo razonable, hablando claro significa que la huelga se mantiene en los próximos días.

Hay que establecer prioridades. ....

He aquí un [buen/claro] ejemplo de ... .
He aquí un buen ejemplo de cooperación entre países de la Unión Europea.

16   Expresiones de uso frecuente

Das ist eine (Das ist keine) Frage von allgemeinem Interesse.

Das zeigt [gut], was ich meine.

Das könnte als Beispiel dienen.

[jdm.] das Problem (die [Beweg-]Gründe, den Sachverhalt usw.) darlegen

Heute Mittag werde ich Ihnen die Gründe für die neuen Reformen der nächsten Legislaturperiode in einer außerordentlichen Pressekonferenz darlegen.

im Klartext (um es ganz deutlich zu sagen)

Die gestrige Besprechung brachte [leider] keine handfesten Ergebnisse, da die Mehrheit der Themen sehr kritisiert wurde. Im Klartext: wir konnten nichts vereinbaren.

Im Klartext bedeutet (heißt) das, dass ...

Die Gewerkschaften haben keine vernünftige Einigung erzielt. Im Klartext bedeutet (heißt) das, dass der Streik noch die nächsten Tage andauern wird.

Man muss Prioritäten setzen.

Hier (Dies) ist ein [gutes/deutliches] Beispiel für ...

Dies ist ein gutes Beispiel für zwischenstaatliche Kooperation in der Europäischen Union.

llamar la atención de alg. sobre algo . . . .
Dentro de las diferentes posibilidades que ofrece hoy en
día internet me gustaría llamar vuestra atención sobre la
creciente utilización de los chats por parte de los adoles-
centes.

llegar hasta el fondo de la cuestión . . . .
Algunos líderes espirituales intentan acentuar las dife-
rencias entre las religiones, pero si llegamos hasta el fondo de la cuestión tenemos muchas cosas en común.

Me gustaría aclarar que … . . . .
Me gustaría aclarar que ni estoy a favor ni en contra de
esta decisión.

Me gustaría remarcar (destacar/subrayar) que … . . . .
Me gustaría remarcar que el precio de los carburantes ha
subido un 20 % en los últimos 10 años.

**No sé si me han (has) entendido bien: lo que quería
decir es que …** . . . .
No sé si me han (has) entendido bien: lo que quería decir
es que los políticos parecen a veces desconcertados ante
los problemas sociales actuales.

18 Expresiones de uso frecuente

jds. Aufmerksamkeit auf etwas lenken

In Anbetracht der verschiedenen Möglichkeiten, die das Internet heutzutage bietet, würde ich eure Aufmerksamkeit gerne auf die Tatsache lenken, dass Jugendliche zunehmend Chat-Portale benutzen.

den Dingen (der Sache) auf den Grund gehen

Einige geistige Oberhäupter versuchen, die Unterschiede zwischen den Religionen zu betonen, aber wenn wir den Dingen auf den Grund gehen, haben wir vieles gemeinsam.

Ich möchte klarstellen, dass ...

Ich möchte klarstellen, dass ich weder für noch gegen diese Entscheidung bin.

Ich möchte hervorheben (betonen/unterstreichen), dass ...

Ich möchte hervorheben, dass die Benzinpreise in den letzten 10 Jahren um 20 % gestiegen sind.

Ich weiß nicht, ob Sie (du) mich richtig verstanden haben (hast): Was ich sagen wollte ist, dass ...

Ich weiß nicht, ob Sie (du) mich richtig verstanden haben (hast): Was ich sagen wollte ist, dass die Politiker manchmal angesichts der aktuellen sozialen Probleme ratlos wirken.

No sé si me he expresado bien (claramente / lo suficiente): lo que quería decir es que ... .

Después de tanta información general no sé si me he expresado claramente: lo que quería decir es que vamos a sufrir cambios drásticos.

políticamente (jurídicamente, científicamente, etc.) hablando / desde el punto de vista político (jurídico, científico, etc.) ....

Desde el punto de vista científico se ha demostrado que el lenguaje publicitario es muy efectivo.

¿Qué quieres (quiere) decir [exactamente] con eso? ....

Quería decir justo lo mismo. / Me quita(s) la palabra de la boca. ....

Quiero mostrarme [especialmente] en desacuerdo con (en contra de) la afirmación de que ... / Quiero protestar contra la afirmación de que ... .

Quiero protestar contra la afirmación de que los jóvenes los fines de semana no respetan el descanso nocturno.

20   Expresiones de uso frecuente

Ich weiß nicht, ob ich mich richtig (verständlich / klar [genug]) ausgedrückt habe: Was ich sagen wollte ist, dass ...

Nach so vielen allgemeinen Informationen weiß ich nicht, ob ich mich klar genug ausgedrückt habe: Was ich sagen wollte ist, dass wir drastische Veränderungen erfahren werden.

in politischer (juristischer, wissenschaftlicher usw.) Hinsicht / politisch (juristisch, wissenschaftlich usw.) gesehen

Wissenschaftlich gesehen hat sich bewiesen, dass die Sprache der Werbung sehr effektiv ist.

Was willst du (wollen Sie) damit [genau] sagen? / Was meinst du (meinen Sie) damit [genau]?

Ich wollte [gerade] genau das Gleiche (dasselbe) sagen. / Du nimmst (Sie nehmen) mir das Wort aus dem Mund.

Ich möchte mich [besonders] gegen die Behauptung wenden, dass ... / Ich möchte [besonders] gegen die Behauptung protestieren (Einspruch erheben), dass ...

Ich möchte gegen die Behauptung protestieren, dass die Jugendlichen am Wochenende die Nachtruhe nicht einhalten würden.

(1) sacar una conclusión de algo
(2) deducir de algo que … ....

(1) ¿Está seguro de que no se puede sacar ninguna conclusión del caso después de casi dos años?
(2) Deduzco de sus comentarios que conoce bien la situación.

ser un claro ejemplo ....

Los alimentos como frutas, verduras, pescados, aceite de oliva y cereales forman parte de la dieta mediterránea que es un claro ejemplo de dieta saludable y equilibrada.

Sólo queda preguntar … / Uno se pregunta, si (quién, cuándo, dónde, por qué, etc.) … ....

Después de escuchar el discurso del ponente, ahora sólo queda preguntar quién pagará los gastos.

Todavía queda una pregunta sin responder (contestar): … / Todavía queda una pregunta pendiente: … ....

Creo que todavía queda una pregunta sin responder: ¿son asequibles los nuevos productos para todos los bolsillos?

tratar algo de forma sumaria (sucinta/breve) ....

El tema del secuestro se trata de forma sumaria por el momento.

22 Expresiones de uso frecuente

(1) einen Schluss (eine Schlussfolgerung) aus etwas ziehen
(2) aus etwas schlussfolgern (schließen, den Schluss ziehen), dass ...

(1) Sind Sie sicher, dass man aus dem Fall nach fast zwei Jahren keine Schlussfolgerung ziehen kann?
(2) Ich schließe aus Ihren Kommentaren, dass Sie die Situation gut kennen.

ein typisches Beispiel sein

Lebensmittel wie Obst, Gemüse, Fisch, Olivenöl und Cerealien gehören zur mediterranen Ernährung, die ein typisches Beispiel für gesunde und ausgewogene Ernährung ist.

Jetzt fragt sich nur noch ... / Es fragt sich nur, ob (wer, wann, wo, warum usw.) ...

Nachdem wir die Rede des Referenten gehört haben, fragt sich jetzt nur noch, wer die Kosten tragen wird.

Eine Frage bleibt noch offen: ... / Bleibt noch eine Frage: ...

Ich denke, eine Frage bleibt noch offen: Sind die neuen Produkte für jedermann erschwinglich?

etwas summarisch (knapp/gedrängt) behandeln (abhandeln)

Das Thema der Entführung wird zur Zeit [nur] summarisch behandelt.

una pregunta subyace (surge) ....
Una pregunta surge a este informe: ¿habrá las mismas condiciones laborales para todos?

¡[Vamos] al grano! ....

Vamos a pasar (Pasemos) [ahora] a otra cosa (al siguiente punto/tema). ....

Vamos a poner (Pongamos/Tomemos) [como ejemplo] el caso de ... .
Pongamos [como ejemplo] el caso del vendedor del supermercado.

Vamos directamente a los hechos. ....

Visto (Vista/Vistos/Vistas) desde esta perspectiva (este ángulo) ... .
Vistos desde esta perspectiva los discursos de los ponentes han tenido semejanzas.

volver sobre algo / volver otra vez a algo ....
Volviendo otra vez sobre el tema del principio, podemos ver un desarrollo positivo en el sector del automóvil.

24   Expresiones de uso frecuente

eine Frage erhebt sich (stellt sich)
Eine Frage stellt sich bei diesem Bericht: Werden alle die gleichen Arbeitsbedingungen haben?

Kommen wir auf den Punkt! / [Kommen wir] zur Sache!

Kommen wir [nun/jetzt] zu etwas anderem (zum nächsten Punkt/Thema).

Nehmen wir [zum Beispiel / beispielsweise] [einmal] den Fall des (der) ...
Nehmen wir [zum Beispiel / beispielsweise] [einmal] den Fall des Supermarktverkäufers.

Konzentrieren wir uns einmal auf die Fakten (Tatsachen).

Aus dieser Perspektive (diesem Blickwinkel) betrachtet ...
Aus dieser Perspektive betrachtet, hatten die Reden der Referenten Gemeinsamkeiten.

noch einmal auf etwas zurückkommen / noch einmal auf etwas zu sprechen kommen
Um noch einmal auf das Anfangsthema zurückzukommen: Wir können da eine positive Entwicklung auf dem Automobilsektor feststellen.

2. Expresar opinión o reacción personal

[A mí] me parece interesante (aburrido, injusto, etc.) ... .

A mí me parece injusta esta solución.

a mi parecer / según mi opinión / de acuerdo con mi punto de vista ....

A mi parecer será mejor correr un tupido velo sobre este asunto tan desagradable.

abogar por (contra) algo (alg.) ....

La mayoría de los consumidores abogan contra las bolsas de plástico.

cambiar de opinión (de parecer) ....

Tras horas de negociaciones los representantes sindicales han vuelto a cambiar de opinión.

compartir una opinión ....

Nunca estamos de acuerdo pero en esto compartimos la opinión.

Comparto [del todo] tu (su) opinión. / No comparto [para nada / de ningún modo] tu (su) opinión. ....

¿Conforme? / ¿De acuerdo? ....

2. Meinungsäußerung oder persönliche Reaktion

Ich finde ... interessant (langweilig, ungerecht usw.).
Ich finde diese Lösung ungerecht.

**nach meiner Ansicht (Meinung/Auffassung) /
meiner Ansicht (Meinung/Auffassung) nach**
Meiner Ansicht nach ist es wohl besser, wenn man den
Schleier des Vergessens / den Mantel des Schweigens
über ein so unangenehmes Thema breitet.

sich für (gegen) etwas (jdn.) aussprechen
Die Mehrheit der Verbraucher spricht sich gegen Plastik-
tüten aus.

seine Meinung ändern
Nach stundenlangen Gesprächen haben die Gewerk-
schaftsbeauftragten ihre Meinung erneut geändert.

eine Meinung teilen
Wir sind uns nie einig, aber hier sind wir einer Meinung.

**Ich bin [ganz/völlig] deiner (Ihrer) Meinung. /
Ich bin nicht [keineswegs / durchaus nicht] deiner
(Ihrer) Meinung.**

Einverstanden?

Considero que ... .
Considero que la campaña para fomentar la lectura se dirige a todos los públicos.

Creo que te confundes (se confunde). / Creo que te equivocas (se equivoca). ....
Creo que te confundes pensando de esa manera.

dar (expresar) su opinión ....
Siempre intento dar mi opinión cuando lo creo conveniente.

decir algo sin dar lugar a malentendidos ....
Mi jefe me dijo que rechazaba el projecto sin dar lugar a malentendidos.

decir algo sin rodeos ....
Finalmente tuve que decirle sin rodeos que no me había parecido buena su actitud.

declararse firmemente en contra de algo ....
Nos declaramos firmemente en contra de esta resolución.

encontrar algo justo (bueno, malo, etc.) ....
Encuentro justo el fallo del juez.

Es cuestión de pareceres. ....

28 Expresar opinión o reacción personal

Ich bin der Ansicht (Meinung), dass ... / Ich glaube (meine), dass ...

Ich bin der Ansicht, dass sich die Aktion zur Leseförderung an alle wendet.

Ich glaube, du irrst dich (Sie irren sich).

Ich glaube, du irrst dich, wenn du so denkst.

seine Meinung äußern (sagen/vorbringen)

Ich versuche immer meine Meinung zu äußern, wenn ich es für angebracht halte.

etwas unmissverständlich (klipp und klar) sagen

Mein Chef hat mir unmissverständlich gesagt, dass er das Projekt ablehnt.

etwas ohne Umschweife (klipp und klar) sagen

Letztendlich musste ich ihm klipp und klar sagen, dass ich seine Haltung nicht gut fand.

sich nachdrücklich gegen etwas aussprechen

Wir sprechen uns nachdrücklich gegen diese Entscheidung aus.

etwas fair (gut, schlecht usw.) finden

Ich finde das Urteil des Richters fair.

Das ist Ansichtssache.

Es mejor llamar a las cosas por su nombre. . . . .

¡Eso sí que no! / ¡[De eso] ni hablar! . . . .

estar a favor / estar en contra . . . .
¿Qué opinan ustedes acerca de la nueva ley antitabaco?
– Algunos están en contra pero yo personalmente estoy a
favor.

**estar [completamente/sinceramente] convencido de
que ...** . . . .
En nuestro grupo de trabajo estamos completamente
convencidos de que en este momento atravesamos una
crisis.

estar en contra (a favor) de algo (alg.) . . . .
Desde luego estamos en contra del maltrato animal.

formarse una opinión sobre algo (alg.) . . . .
(1) Me había formado una opinión sobre él, pero me
equivoqué.
(2) La opinión que me formé sobre la comida rápida fue
la adecuada.

francamente/sinceramente . . . .
Francamente creo que estamos perdiendo el tiempo dis-
cutiendo de esa forma.

¡Lo que faltaba [ahora]! . . . .

30   Expresar opinión o reacción personal

Es ist besser, die Dinge (das Kind) beim Namen zu nennen.

Das geht doch nicht! / Das kommt nicht in Frage!

dafür sein / dagegen sein
> Was halten Sie von dem neuen Rauchverbotsgesetz?
> – Manche sind dagegen, aber ich persönlich bin dafür.

[fest] davon überzeugt sein, dass ...
> In unserer Arbeitsgruppe sind wir fest davon überzeugt, dass wir momentan eine Krise durchmachen.

gegen (für) etwas (jdn.) sein
> Natürlich sind wir gegen Tierquälerei.

sich eine Meinung über etwas (jdn.) bilden
> (1) Ich hatte mir eine Meinung über ihn gebildet, aber ich irrte mich.
> (2) Die Meinung, die ich mir über Fast Food gebildet hatte, war richtig.

offen gesagt / ehrlich gesagt
> Offen gesagt glaube ich, dass wir Zeit verschwenden, wenn wir auf diese Weise diskutieren.

Das hat gerade noch gefehlt!

Meinungsäußerung oder persönliche Reaktion 31

mantenerse en las mismas ....
Intentamos convencerle pero se mantuvo en las mismas.

No sé qué postura debo tomar al respecto. ....

no tener nada en contra de algo (alg.) ....
No tenemos nada en contra de los inmigrantes.

¿No tienes (tiene) nada que decir al respecto? ....
¿No tiene nada que decir al respecto o es que no le interesa hablar del tema?

No tienes (tiene) razón cuando dices (dice) que ... ..
No tiene razón cuando dice que los jóvenes no quieren
trabajar.

persistir con su opinión ....
A pesar de que le explicamos todas las ventajas del nuevo
procedimiento él persistió con su opinión.

Personalmente creo que ... .
Personalmente creo que las informaciones vertidas sobre
su persona son simplemente mentiras e invenciones.

¿Quieres (Quiere) añadir algo? ....
¿Quieres añadir algo al respecto o te parece bien?

32 Expresar opinión o reacción personal

bei seiner Ansicht (Meinung) bleiben
Wir versuchten ihn zu überzeugen, aber er blieb bei seiner Meinung.

Ich weiß nicht, was ich davon halten soll.

nichts gegen etwas (jdn.) haben
Wir haben nichts gegen Immigranten.

Hast du (Haben Sie) dazu nichts zu sagen?
Haben Sie dazu nichts zu sagen oder interessiert Sie das Thema [gar] nicht?

Du hast (Sie haben) unrecht, wenn du sagst (Sie sagen), dass ...
Sie haben unrecht, wenn Sie sagen, dass die jungen Leute nicht arbeiten wollen.

auf seiner Ansicht (Meinung) beharren
Obwohl wir ihm alle Vorteile des neuen Verfahrens erläutert haben, beharrte er auf seiner Meinung.

Ich persönlich glaube, dass ...
Ich persönlich glaube, dass die über Sie geäußerten Informationen einfach nur Lügen und Erfindungen sind.

Hast du (Haben Sie) noch etwas hinzuzufügen?
Hast du [dem] noch etwas hinzuzufügen, oder findest du es so in Ordnung?

ser de la opinión que ... .

Soy de la opinión que deberíamos aceptar los regalos de los invitados con alegría.

Si yo estuviera (estuviese) en tu (su) lugar, ...

Si yo estuviera en tu lugar, me quejaría inmediatamente.

**Soy de la opinión (del parecer) que ... / Sostengo
la postura que ...** ....

Soy de la opinión que internet oculta todavía muchos peligros.

(1) suscribir [totalmente] la opinión de alg.
(2) estar [completamente] de acuerdo con alg.
(3) ser de la misma opinión que alg. ....

(1) Suscribimos [totalmente] la opinión de nuestro jefe.
(2) Estamos [completamente] de acuerdo con nuestro jefe.
(3) Somos de la misma opinión que nuestro jefe.

¿Te has (Se ha) enterado de que ...? ....

¿Te has enterado de que mañana trabajamos una hora menos?

tener prejuicios con respecto a algo (alg.) ....

Creo que tienes algunos prejuicios con respecto a los musulmanes.

34 Expresar opinión o reacción personal

der Ansicht (Meinung) sein, dass …

Ich bin der Ansicht, dass wir die Geschenke der Gäste mit Freude annehmen sollten.

Wenn ich an deiner (Ihrer) Stelle wäre, …

Wenn ich an deiner (Ihrer) Stelle wäre, würde ich mich sofort beschweren.

Ich bin der Ansicht (Meinung), dass … / Ich vertrete die Ansicht (Meinung), dass …

Ich bin der Ansicht, dass das Internet noch viele Gefahren birgt.

[genau] der gleichen Ansicht (Meinung) sein wie jd. anders / jds. Ansicht (Meinung) teilen

Wir sind [genau] der gleichen Meinung wie unser Chef.

Hast du (Haben Sie) erfahren, dass …?

Hast du erfahren (Weißt du schon), dass wir morgen eine Stunde weniger arbeiten?

etwas (jdm.) gegenüber Vorurteile haben (voreingenommen sein)

Ich glaube, dass du gegenüber den Muslimen [etwas] voreingenommen bist.

Meinungsäußerung oder persönliche Reaktion   35

tener una actitud acerca de (sobre) alg. (algo) . . . .
Los gobiernos tienen una actitud muy estricta sobre las ayudas económicas a empresas.

tener una opinión dividida respecto a (sobre) algo . .
El equipo directivo tiene una opinión dividida respecto a varios temas.

Tengo que admitir (reconocer) que ... .
Tengo que admitir que me gusta mi nuevo trabajo.

**Tienes (Tiene) toda la razón cuando dices
(dice) que ...** . . . .
Tienes toda la razón cuando dices que el mundo de los negocios es interesante.

una opinión preconcebida . . . .
Sus comentarios no son más que una opinión preconcebida.

una opinión sobre algo . . . .
Tengo una opinión positiva sobre los puntos tratados en la reunión.

¡Vaya disparate! . . . .

Ya es (va siendo) hora [de] que (+ subj.) . . . .
Ya va siendo hora de que se haga justicia con los parados.

36   Expresar opinión o reacción personal

eine Einstellung zu jdm. (zu etwas) haben
Die Regierungen haben eine sehr strikte Einstellung zu den Zuschüssen für Unternehmen.

über (bei) etwas geteilter Meinung sein
Die Leitung ist bei einigen Themen geteilter Meinung.

Ich muss zugeben (gestehen), dass ...
Ich muss gestehen, dass mir meine neue Arbeit gefällt.

Du hast (Sie haben) völlig recht, wenn du sagst (Sie sagen), dass ...
Du hast völlig recht, wenn du sagst, dass die Welt der Wirtschaft interessant ist.

eine vorgefasste Meinung
Seine Kommentare sind nicht mehr als eine vorgefasste Meinung.

eine Meinung über (zu) etwas
Ich habe eine positive Meinung zu den in der Versammlung behandelten Punkte.

Was für ein Unsinn!

Es ist (wird) [höchste] Zeit, dass ...
Es wird höchste Zeit, dass etwas für die Arbeitslosen getan wird.

Yo [casi] diría que … / Me atrevería a decir que … ….
No pudo acudir a la cita por falta de tiempo. – Lo dudo
encarecidamente. Yo casi diría que no se le ocurrió una
excusa mejor.

Yo no diría que … ……………………………………
Yo no diría que tiene toda la razón en ese tema.

[Yo] opino que … / Me parece que … ………………
Yo opino que esa no es la solución acertada.

yo por mi parte / por lo que a mí respecta …………
Yo por mi parte no tengo nada más que decir.

Ich würde [eher/fast] sagen, dass ... / Ich würde mich [fast] trauen zu sagen, dass ...

Er konnte aus Zeitmangel nicht zum Termin erscheinen. – Das möchte ich stark bezweifeln. Ich würde eher sagen, dass ihm keine bessere Ausrede einfiel.

Ich würde nicht sagen, dass ...

Ich würde nicht sagen, dass er in dieser Sache völlig recht hat.

Ich meine (finde), dass ...

Ich finde, dass diese Lösung nicht die richtige ist.

ich für meinen Teil / was mich betrifft

Ich für meinen Teil habe nichts mehr zu sagen.

3. Remarcar algo

Ahora sí que ya no entiendo nada de nada (absolutamente nada). / Ahora estoy perdido. ....
He leído la misma noticia en varios periódicos y ahora sí que ya no entiendo nada de nada.

cobrar importancia / ser de gran importancia ....
Cobró importancia la idea de donar un 5% de la suma total.

dar en el clavo ....
Creo que el ponente dio en el clavo al criticar el importe de las comisiones.

dar mucha importancia a algo / dar más importancia a una cosa que a otra ....
Creo que le das más importancia al informe del año pasado que a las últimas noticias.

digno de mención ....
Digno de mención es el interés mostrado para formar parte de la Unión Europea.

Es interesante constatar que ... .
Es interesante constatar que a pesar de la subida de los precios los turistas todavía se interesan por las vacaciones en el sur de Europa.

40 Remarcar algo

3. Aussageintensivierung

[Also] ich verstehe überhaupt nichts mehr.

Ich habe dieselbe Nachricht in verschiedenen Zeitungen gelesen, und jetzt verstehe ich überhaupt nichts mehr.

eine besondere Bedeutung gewinnen / von besonderer Bedeutung sein

Die Idee, 5 % der Gesamtsumme zu spenden, gewann eine besondere Bedeutung.

den Nagel auf den Kopf treffen

Ich glaube, dass der Referent den Nagel auf den Kopf getroffen hat, als er die Höhe der Provisionen kritisierte.

einer Sache große Bedeutung beimessen / einer Sache mehr Bedeutung beimessen als einer anderen

Ich glaube, du misst dem Bericht vom letzten Jahr mehr Bedeutung bei als den letzten Meldungen.

erwähnenswert

Es ist erwähnenswert, dass das Land Interesse gezeigt hat, Mitgliedstaat der Europäischen Union zu werden.

Es ist interessant festzustellen, dass ...

Es ist interessant festzustellen, dass sich die Touristen trotz der Preiserhöhung immer noch für einen Urlaub in Südeuropa interessieren.

especialmente / sobre todo ....

Quiero destacar especialmente la colaboración del señor López.

estar en el (los) polo (polos) opuesto (opuestos) sobre algo ....

Él y yo estamos en los polos opuestos sobre el tema.

expresamente ....

Les he pedido expresamente a los invitados que confirmen la asistencia por teléfono.

hacer una montaña de algo ....

Señor Martínez, creo que está haciendo una montaña de este asunto.

Hay que tener en cuenta [también] que ... / Cabe señalar (indicar) que ... .

Hay que tener en cuenta que los plazos de entrega de documentos finaliza mañana a las doce.

ir [incluso] más allá y decir (afirmar, escribir, etc.) que ... .

Voy a ir incluso [más] allá y decir que eso es requisito indispensable.

Lo que más me llama la atención (me ha llamado la atención) es el hecho de que (+ subj.) ....

Lo que más me ha llamado la atención es el hecho de que la propuesta se haya aprobado por unanimidad.

42 Remarcar algo

besonders / vor allem

Ich möchte besonders die Mitarbeit von Herrn López hervorheben.

bei etwas [ganz] unterschiedlicher Meinung sein

Wir sind bei diesem Thema ganz unterschiedlicher Meinung. / Unsere Meinungen zu diesem Thema liegen sehr weit auseinander.

ausdrücklich

Ich habe die Eingeladenen ausdrücklich darum gebeten, ihre Teilnahme telefonisch zu bestätigen.

aus einer Mücke einen Elefanten machen

Herr Martínez, ich glaube, Sie machen hier aus einer Mücke einen Elefanten.

Es ist [auch] zu bedenken (zu betonen / darauf hinzuweisen), dass ...

Es ist zu bedenken, dass die Frist für die Einreichung der Unterlagen morgen um zwölf Uhr abläuft.

[sogar] so weit gehen zu sagen (behaupten, schreiben usw.), dass ...

Ich gehe sogar so weit zu sagen, dass das eine wesentliche Voraussetzung ist.

Was mir besonders (vor allem) auffällt (aufgefallen ist), ist [die Tatsache], dass ...

Was mir besonders aufgefallen ist, ist die Tatsache, dass der Vorschlag einstimmig angenommen wurde.

Aussageintensivierung 43

Me consta que ... .
Me consta que estos temas seguirán ocupándonos durante mucho tiempo.

Me llamó la atención [en especial] que (+ subj.) ......
Me llamó la atención [en especial] que siempre llevara ropa oscura.

Ni mucho menos. / En absoluto. / Todo lo contrario. ....
Usted pensará que a mí no me gusta este proyecto, todo lo contrario.

No hay que pasar por alto (descuidar) que ... .
No hay que pasar por alto que las medidas son absolutamente innovadoras.

No me cabe la menor duda. / [Eso] está fuera de duda. ....

No se puede negar que ... / Hay que reconocer que ... .
No se puede negar que el señor Pérez ha tenido una buena idea para ahorrar costes.

No tengo ni idea. / De verdad que no lo sé. ....
No tengo ni idea de cómo solucionar este problema.

44 Remarcar algo

Für mich steht fest, dass ...

Für mich steht fest, dass diese Themen uns noch lange beschäftigen werden.

Es fiel mir [besonders] auf, dass ...

Es fiel mir [besonders] auf, dass er immer dunkle Kleidung trug.

Ganz und gar nicht. / Keineswegs. / Ganz im Gegenteil.

Sie denken sicher, dass mir dieses Projekt nicht gefällt. Ganz im Gegenteil.

Man darf nicht übersehen (außer Acht lassen), dass ...

Man darf nicht übersehen, dass die Maßnahmen durchaus innovativ sind.

Daran habe ich nicht den geringsten Zweifel. / Das steht außer Frage.

Es lässt sich nicht leugnen, dass ... / Man muss zugeben, dass ...

Es lässt sich nicht leugnen, dass Herr Pérez eine gute Idee zur Kosteneinsparung gehabt hat.

Ich habe keine Ahnung. / Ich weiß es [wirklich] nicht.

Ich habe keine Ahnung, wie ich dieses Problem lösen kann.

Aussageintensivierung 45

para nombrar (poner) [sólo] un ejemplo . . . .
Tomemos el caso del vecino para nombrar un ejemplo.

para ser franco (sincero) . . . .
Lo veo muy complicado todo el asunto, para ser franco.

Pero ten (tenga) en cuenta lo siguiente: . . . .
Pero tenga en cuenta lo siguiente: mientras no entre en
vigor esa ley, no cambiará mucho la situación.

**[por el contrario / de hecho] sostener la idea
de que** . . . .
De hecho, sostengo la idea de que es posible contribuir
con poco.

Puedes fiarte (Puede fiarse) de mí. . . . .
Puedes fiarte de mí, te lo digo por experiencia.

Puedes (Puede) creerme. . . . .
Me enfadé mucho, puede creerme.

Quiero que quede bien claro que . . . .
Después de responder a todas las preguntas quiero que
quede bien claro que no voy a cambiar de opinión.

um nur ein Beispiel anzuführen (zu nennen)

Nehmen wir einmal den Fall des Nachbarn, um nur ein Beispiel zu nennen.

um es [ganz] offen zu sagen

Ich halte die ganze Angelegenheit für sehr kompliziert, um es ganz offen zu sagen.

Aber bedenke (bedenken Sie) bitte Folgendes: ...

Aber bedenken Sie bitte Folgendes: Solange dieses Gesetz nicht in Kraft tritt, wird sich an der Situation kaum etwas (nur wenig) ändern.

[in der Tat / im Gegenteil] behaupten, dass ...

Ich behaupte in der Tat, dass es möglich ist, auch mit wenig zu helfen.

Du kannst (Sie können) [es] mir glauben. / Glaube (Glauben Sie) mir.

Du kannst [es] mir glauben, ich spreche aus Erfahrung.

Das kannst du (können Sie) [mir] glauben.

Ich habe mich sehr geärgert, das können Sie [mir] glauben.

Ich möchte klarstellen (möchte, dass klar ist), dass ...

Nachdem ich alle Fragen beantwortet habe, möchte ich [nochmals] klarstellen, dass ich meine Meinung nicht ändern werde.

Aussageintensivierung 47

remarcar (acentuar) algo / hacer hincapié en algo ....

Hicieron hincapié sobre el mismo tema varias veces durante la reunión.

remover Roma con Santiago para conseguir algo ... ..

El señor González removió Roma con Santiago para conseguir su meta.

Se informa de que ... .

Se informa de que la asistencia al congreso es obligatoria.

Sé muy bien (perfectamente) que ... .

Sé muy bien que la propuesta no va a ser del agrado de todos.

ser el único (la única) que hace algo ....

¡Ya estoy harto de ser siempre el único que intenta ayudar a la empresa!

Una cosa está clara (es cierta): ... .

Una cosa está clara: es un tema que despierta mucho interés.

Uno tiene que decirlo alto y claro: ... / **Se tiene que decir alto y claro:** ... .

Uno tiene que decirlo alto y claro: ¡tenemos que ahorrar energía!

etwas betonen (hervorheben) / mit Nachdruck auf etwas hinweisen

Sie wiesen in der Besprechung mehrmals mit Nachdruck auf dasselbe Thema hin.

alle Hebel in Bewegung setzen, um etwas zu erreichen

Herr González setzte alle Hebel in Bewegung, um sein Ziel zu erreichen.

Es ist darauf hinzuweisen, dass ...

Es ist darauf hinzuweisen, dass die Teilnahme am Kongress verpflichtend ist.

Ich weiß sehr wohl, dass ...

Ich weiß sehr wohl, dass der Vorschlag nicht allen gefallen wird.

der (die) Einzige sein, der (die) etwas tut

Ich habe es satt, dass ich immer der Einzige bin, der versucht, der Firma zu helfen!

Eins steht fest: ...

Eins steht fest: Das ist ein Thema, das viel Interesse weckt.

Man muss es einmal ganz klar [und deutlich] sagen / Es muss einmal ganz klar [und deutlich] gesagt werden: ...

Es muss einmal ganz klar [und deutlich] gesagt werden: Wir müssen Energie sparen!

Aussageintensivierung 49

[Y] lo que es más importante: ... .

[Y] lo que es más importante: las donaciones son deducibles de los impuestos.

[Und] was noch wichtiger ist: ...

[Und] was noch wichtiger ist: Die Spenden sind steuerlich absetzbar.

4. Expresar reserva

aparte de eso . . . .

Aparte de eso, todavía existen más posibilidades para conseguir clientes.

considerarse ... .

Ellos se consideran pioneros en ese campo.

de algún modo / de alguna manera . . . .

De algún modo su actitud puede llegar a ser comprensible.

Depende. . . . .

Ambos tipos de fotografías (blanco y negro y color) pueden ser bonitos. Depende.

en cierto sentido / en cierta forma . . . .

En cierto sentido el ministro tiene razón.

en general / por norma general / normalmente . . . . . .

Por norma general, se registran menos accidentes de tráfico en verano.

en total / en conjunto . . . .

En conjunto comparto su opinión aunque haya ciertas cosas que veo un poco diferente.

Eso es muy discutible. . . . .

Eso es muy discutible porque sólo hay pocas posibilidades de aplicarlo a la realidad.

4. Absicherung durch Einschränkung

davon abgesehen
Davon abgesehen, gibt es noch weitere Möglichkeiten, Kunden zu gewinnen.

als … gelten / als … betrachtet werden
Sie gelten als Pioniere auf diesem Gebiet.

irgendwie (gewissermaßen)
Irgendwie kann ich (kann man) ihre Haltung nachvollziehen.

Das (Es) kommt darauf an. / Je nachdem.
Beide Arten von Fotos, schwarz-weiß und farbig, können schön aussehen. Das kommt darauf an.

in gewissem Sinne / in gewisser Weise (Hinsicht)
Der Minister hat in gewisser Weise recht.

im Allgemeinen / in der Regel
In der Regel sind im Sommer weniger Verkehrsunfälle zu verzeichnen.

im Großen und Ganzen / alles in allem
Im Großen und Ganzen teile ich Ihre Ansicht, auch wenn ich gewisse Dinge etwas anders sehe.

Das ist sehr umstritten.
Das ist sehr umstritten, weil es nur wenige reale Umsetzungsmöglichkeiten gibt.

Eso habría que comprobarlo (demostrarlo). ....

excepto/menos/salvo ....
(1) Le doy la razón en todos los puntos excepto en uno:
Todavía, sí, hay gente que no tiene acceso a internet.
(2) Hemos podido aclarar todas las cuestiones menos
una: la de la igualdad de derechos.

Han dicho que ... / Dicen que ... / Se dice que ... .
Han dicho que la semana que viene va a llegar de nuevo
el mal tiempo.

hasta cierto punto (modo) ....
Respeta las reglas hasta cierto punto.

hasta donde conocemos (sabemos) ....
Hasta donde sabemos sus clientes provienen en su
mayoría de la alta sociedad.

hasta lo que yo he entendido (oído) ....
Hasta lo que yo he entendido la policía llegó demasiado
tarde al lugar del crimen.

Hay (Tenemos) que tener en cuenta que ... .
Hay que tener en cuenta que, a pesar de todo, las posibilidades de movilidad que ofrece la Unión Europea están
limitadas.

54 Expresar reserva

Das wäre erst noch zu beweisen.

außer / bis auf

(1) Ich gebe Ihnen in allen Punkten recht, außer in einem: Es gibt durchaus immer noch Menschen, die keinen Zugang zum Internet haben.

(2) Wir haben alle Fragen klären können, bis auf eine: die der Gleichberechtigung.

Ich habe gehört, dass ... / Es wurde gesagt, dass ...

Ich habe gehört, dass das Wetter nächste Woche wieder schlecht werden soll.

bis zu einem gewissen Grade

Er respektiert die Regeln bis zu einem gewissen Grade.

soweit [uns] bekannt ist

Soweit uns bekannt ist, stammen seine Kunden größtenteils aus der Oberschicht.

soweit ich verstanden (gehört) habe

Soweit ich verstanden habe, kam die Polizei zu spät am Tatort an.

Man muss (Wir müssen) [jedoch] bedenken (berücksichtigen), dass ...

Man muss bedenken, dass die Mobilitätsmöglichkeiten, die die EU bietet, trotz allem begrenzt sind.

No es [del todo] improbable que (+ subj.) ....
No es del todo improbable que las entradas sean gratis.

No que yo sepa (supiera/supiese). ....
¿Ha cambiado de opinión? – No que yo sepa.

no se trata de hacer algo ....
No se trata de engañar al cliente sino de aconsejarlo para comprar.

Nunca se sabe. ....

por así decir ....
Estos son, por así decir, los puntos débiles de su argumentación.

Pues es verdad (cierto) que ..., pero en el fondo ... ...
Pues es verdad que hay que tener en cuenta más aspectos importantes, pero en el fondo lo que nos interesa es vender nuestros productos.

que yo sepa / por lo que sé / según mi información ..
Que yo sepa no ha faltado hoy ningún asistente a la reunión.

según ... .
Según la estadística, la media de vida de un europeo es de 72 años.

56 Expresar reserva

Es ist nicht ganz (Es ist überhaupt nicht) auszuschließen (unwahrscheinlich), dass ...

Es ist überhaupt nicht auszuschließen, dass die Eintrittskarten kostenlos sind.

Nicht dass ich wüsste.

Hat er seine Meinung geändert? – Nicht dass ich wüsste.

es geht hier nicht darum, etwas zu tun

Es geht hier nicht darum, den Kunden zu betrügen, sondern darum, ihn beim Kauf zu beraten.

Man kann nie wissen.

sozusagen

Das sind sozusagen die Schwachstellen ihrer Argumentation.

Es stimmt zwar, dass ..., aber im Grunde [genommen] ...

Es stimmt zwar, dass man noch weitere Aspekte berücksichtigen muss, aber im Grunde ist es der Verkauf unserer Produkte, der uns interessiert.

meines Wissens / soweit ich weiß

Meines Wissens hat heute in der Versammlung kein Teilnehmer gefehlt.

... zufolge / ... nach

Der Statistik zufolge beträgt die durchschnittliche Lebenserwartung eines Europäers 72 Jahre.

Absicherung durch Einschränkung 57

según la opinión (afirmación) de alg. . . . .
Según la afirmación de algunos políticos europeos las
medidas de ayudas a los otros países miembros ayudarán
mucho.

si lo he entendido bien . . . .
Si lo he entendido bien, usted quiere escuchar también la
opinión de sus trabajadores.

si no me equivoco . . . .
Si no me equivoco, esos argumentos ya los expuso la se-
mana pasada.

si no recuerdo mal . . . .
Si no recuerdo mal, no se puede fumar en todo el edifi-
cio.

**si se toman como veraces las encuestas
(los periódicos, los rumores, etc.)** . . . .
Si se toman como veraces las encuestas, en las próximas
elecciones va a haber cambios significativos.

Tengo (Me da) la impresión de que . . . .
Tengo la impresión de que no le caigo bien a él.

58 Expresar reserva

nach jds. Aussage

Nach Aussage einiger europäischer Politiker werden die Hilfsmaßnahmen den anderen Mitgliedstaaten sehr helfen.

wenn ich recht (richtig) verstanden habe

Wenn ich recht verstanden habe, möchten Sie auch die Meinung Ihrer Mitarbeiter hören.

wenn ich mich nicht irre

Wenn ich mich nicht irre, hat er diese Argumente schon letzte Woche vorgebracht.

soweit ich mich entsinne / wenn ich mich recht erinnere

Soweit ich mich entsinne, darf man im ganzen Gebäude nicht rauchen.

wenn man den Umfragen (den Zeitungen, den Gerüchten usw.) glauben darf

Wenn man den Umfragen glauben darf, wird es bei den nächsten Wahlen große Veränderungen geben.

Ich habe den Eindruck, dass ...

Ich habe den Eindruck, dass er mich nicht mag.

5. Constatar hechos

a alg. le falta la experiencia [necesaria] para algo ......
Al candidato número dos le falta la experiencia necesaria
para el puesto de trabajo.

abarcar algo desde ... hasta ... .
Las revistas de investigación abarcan los temas más in-
novadores del siglo XIX hasta nuestros días.

**Así como están las cosas por el momento no se puede
hacer nada.** ....
Así como están las cosas por el momento en el campo de
la Medicina no se puede hacer nada para erradicar la des-
nutrición en África.

aumentar la importancia de algo / dramatizar algo ..
No me parece bien que aumentas la importancia de este
tema.

**buscar (encontrar) una solución [satisfactoria]
para un problema** ....
Con las energías renovables encontramos una solución
satisfactoria para el problema.

**concederle a alg. un gran (cierto) margen de mani-
obra para [hacer] algo** ....
A los mediadores políticos se les concedió cierto margen
de maniobra para tratar de frenar el avance de la guerra.

5. Konstatieren von Sachverhalten

jdm. fehlt es für etwas an der [nötigen] Erfahrung
Dem Kandidaten Nummer 2 fehlt es für diesen Posten an der nötigen Erfahrung.

etwas von ... bis ... umfassen
Die Forschungsmagazine umfassen die innovativsten Themen vom 19. Jh. bis heute.

So wie die Dinge zur Zeit liegen (stehen), ist nichts zu machen.
So wie die Dinge zur Zeit im Bereich der Medizin liegen, kann man nichts tun, um die Unterernährung in Afrika erfolgreich zu bekämpfen.

etwas hochspielen (aufbauschen/dramatisieren)
Ich finde es nicht gut, dass du dieses Thema [so] hochspielst.

eine [zufriedenstellende] Lösung für ein Problem suchen (finden)
Wir haben mit den erneuerbaren Energien eine zufriedenstellende Lösung für das Problem gefunden.

jdm. bei etwas einen großen (gewissen) Spielraum gewähren (zubilligen)
Den politischen Vermittlern wurde bei dem Versuch, den Krieg zu stoppen, ein gewisser Spielraum gewährt.

confirmar una hipótesis ....

Esta mañana el forense ha confirmado la hipótesis de la policía.

dar algo por supuesto ....

Cuando me lo contaron, daban por supuesto que quería escucharlo.

dar (atribuir) [mucha] importancia a algo ....

Personalmente, atribuyo mucha importancia a ese asunto.

dar buen ejemplo ....

Doy buen ejemplo haciendo una donación para la organización no gubernamental.

dar luz verde a algo ....

Nos dieron luz verde al proyecto de construcción de casas adosadas.

dar origen (lugar) a algo ....

Esta confusión da origen a malentendidos y problemas.

dar pie a una discusión (una crisis, una huelga, una guerra, etc.) ....

La dimisión del ministro dio pie a una discusión interna entre miembros del mismo partido.

62 Constatar hechos

eine Hypothese (Annahme/Vermutung) bestätigen
Heute Morgen hat der Gerichtsmediziner die Hypothese der Polizei bestätigt.

etwas für selbstverständlich halten (als selbstverständlich betrachten)
Als sie mir das erzählten, hielten sie es für selbstverständlich, dass ich das auch hören wollte.

einer Sache [große] Bedeutung beimessen
Ich persönlich messe dieser Angelegenheit große Bedeutung bei.

mit gutem Beispiel vorangehen
Ich gehe mit gutem Beipiel voran, indem ich für die Hilfsorganisation spende.

für etwas grünes Licht geben
Sie gaben uns grünes Licht für den Bau von Reihenhäusern.

zu etwas Anlass geben / zu etwas führen
Dieses Durcheinander führt zu Missverständnissen und Problemen.

eine Diskussion (eine Krise, einen Streik, einen Krieg usw.) auslösen
Der Rücktritt des Ministers löste eine interne Diskussion zwischen den Parteimitgliedern aus.

dar sentido a algo ....

Ahora sí que has dado sentido a la frase.

de modo general / en un contexto general ....

De modo general me parece una buena decisión para todos.

De todos modos es cierto que ... .

De todos modos es cierto que a todos nosotros nos interesa comprar acciones en esta empresa.

demostrarse que ... .

Aquí se demuestra que yo tenía razón.

descender (bajar) un ... % ....

Las ventas en las grandes superficies han bajado un 6 %.

desprenderse de algo ....

Se desprenden nuevas informaciones del informe del accidente.

**ejercer una [gran/cierta] influencia sobre
algo (alg.)** ....

Su esposa ejerce una gran influencia sobre él.

El hecho es que ... .

El hecho es que me interesa mucho colaborar con vuestra revista.

64   Constatar hechos

einer Sache Sinn geben

Jetzt hast du dem Satz Sinn gegeben.

allgemein gesehen (betrachtet)

Allgemein gesehen finde ich es eine gute Entscheidung
für alle.

Jedenfalls steht fest, dass ...

Jedenfalls steht fest, dass wir alle daran interessiert sind,
Aktien von dieser Firma zu kaufen.

sich erweisen (herausstellen/zeigen), dass ...

Hier zeigt sich, dass ich recht hatte.

um ... % fallen (sinken)

In den Verbrauchermärkten ist der Absatz um 6 % ge-
sunken.

aus etwas hervorgehen

Aus dem Unfallbericht gehen neue Informationen her-
vor.

**einen [großen/gewissen] Einfluss auf etwas (jdn.)
ausüben**

Seine Ehefrau übt einen großen Einfluss auf ihn aus.

Tatsache ist, dass ...

Tatsache ist, dass ich sehr daran interessiert bin, bei eurem Magazin mitzuarbeiten.

el objetivo principal [de algo] debe (debería) consistir en hacer algo ....

El objetivo principal de la campaña debe consistir en conseguir la alfabetización completa de las zonas más pobres de Suramérica.

en el fondo ....

En el fondo no queríamos decir eso, sino ...

En general se conoce (es sabido) que ... .

En general se conoce que esas campañas publicitarias hechas a última hora no funcionan.

entrar en vigor ....

Las nuevas leyes aprobadas ayer entrarán en vigor en dos meses.

es cada vez más pesado (costoso) hacer algo ....

Con los años es cada vez más pesado hacer deporte.

Es un caso extremo. ....

El ejemplo que ha utilizado el profesor es un caso extremo.

especializarse en algo ....

Este médico se especializó en Medicina Naturista.

das Hauptziel [einer Sache] muss (sollte) darin bestehen, etwas zu tun

Das Hauptziel der Kampagne muss darin bestehen, eine komplette Alphabetisierung der armen Gegenden Südamerikas zu erreichen.

im Grunde [genommen]

Das wollten wir im Grunde [genommen] [gar] nicht sagen, sondern …

Es ist eine allgemein anerkannte Tatsache, dass …

Es ist eine allgemein anerkannte Tatsache, dass diese in letzter Minute organisierten Werbekampagnen nicht funktionieren.

in Kraft treten

Die neuen, gestern verabschiedeten Gesetze werden in zwei Monaten in Kraft treten.

es wird immer schwerer (mühsamer), etwas zu tun

Mit den Jahren wird es immer schwerer, Sport zu treiben.

Das ist ein Grenzfall.

Das Beispiel, das der Lehrer verwendet hat, ist ein Grenzfall.

sich auf etwas spezialisieren

Dieser Arzt spezialisierte sich auf Naturheilkunde.

está claro que … / es evidente que … ....

Es evidente que las nuevas ayudas económicas eran necesarias.

Está en la naturaleza de las cosas que (+ subj.) ....

Está en la naturaleza de las cosas que no puedan vivir juntos enemigos irreconciliables.

**estar estrechamente unido (comunicado /
conectado)** ....

Los dos primeros temas de la conferencia están estrechamente unidos.

Estás (Está) en buena compañía. ....

Veo que estás en buena compañía.

esto mismo vale también para … / es igual para … ...

Cada paciente tiene que pedir cita previamente; esto mismo vale también para usted.

ganar (perder) terreno ....

El idioma español en Alemania gana terreno.

jugar un papel importante en algo ....

La actitud de los padres juega un papel muy importante en la educación de los hijos.

68   Constatar hechos

es ist klar, dass ... / es liegt auf der Hand, dass ...

Es ist klar, dass die neuen Zuschüsse notwendig waren.

Es liegt in der Natur der Dinge, dass ...

Es liegt in der Natur der Dinge, dass unversöhnliche Feinde nicht zusammenleben können.

eng miteinander verbunden (verknüpft) sein

Die ersten zwei Themen der Konferenz sind eng miteinander verbunden.

Du befindest dich (Sie befinden sich) in guter Gesellschaft. *(= Viele [bekannte Persönlichkeiten] denken/ handeln so wie du/Sie.)*

Wie ich sehe, befindest du dich in guter Gesellschaft.

[ganz] genauso verhält es sich auch mit ... /das Gleiche gilt auch für ...

Jeder Patient muss sich erst einen Termin geben lassen; das gilt auch für Sie.

an Boden gewinnen (verlieren)

Die spanische Sprache gewinnt in Deutschland an Boden.

bei etwas eine große (wichtige) Rolle spielen

Die Haltung der Eltern spielt bei der Erziehung der Kinder eine große Rolle.

Konstatieren von Sachverhalten 69

la clave de algo está en algo ....

La clave del éxito no está siempre en el dinero.

La explicación está [posiblemente / sin duda] basada en el hecho de que (+ subj.) ....

La explicación que nos dio el interesado está posiblemente basada en el hecho de que tenga intereses económicos.

la idea que subyace [de algo] ....

La idea que subyace de ese argumento es que no todos son adecuados para la tarea.

Lo bueno (malo, interesante, alarmante, etc.) [de algo] es que ... .

Lo bueno es que ahora tienes un amigo más.

mejorar/empeorar ....

(1) La situación laboral puede mejorar en los próximos años.

(2) Su estado de salud ha empeorado mucho en las últimas horas.

mi (tu, su, etc.) principal objetivo consiste en hacer algo ....

Mi principal objetivo consiste en hacer una clase responsable y agradable.

der Schlüssel zu einer Sache liegt in etwas

Der Schlüssel zum Erfolg liegt nicht immer im Geld.

Die Erklärung [dafür] liegt [möglicherweise/ zweifellos] in der Tatsache begründet, dass ...

Die Erklärung, die der Antragsteller uns gegeben hat, liegt möglicherweise in der Tatsache begründet, dass er finanzielle Interessen verfolgt.

die [einer Sache] zugrundeliegende Idee

Die diesem Argument zugrundeliegende Idee ist [es], dass nicht alle für die Aufgabe geeignet sind.

Das Gute (Schlechte, Interessante, Beunruhigende usw.) [daran / an der Sache] ist, dass ...

Das Gute [daran] ist, dass du jetzt einen Freund mehr hast.

sich verbessern (besser werden) / sich verschlechtern (schlechter werden)

(1) Die Arbeitssituation kann sich in den kommenden Jahren verbessern.

(2) Sein Gesundheitszustand hat sich in den letzten Stunden deutlich verschlechtert.

mein (dein, sein usw.) Hauptziel ist [es] (besteht darin), etwas zu tun

Mein Hauptziel ist es, einen verantwortlichen und angenehmen Unterricht zu gestalten.

Konstatieren von Sachverhalten 71

Nadie lo puede saber [exactamente] con antelación.

no cabe duda [de] que ... / no hay duda [de] que ... ...
No cabe duda que ha cambiado su opinión después de conocernos mejor.

no poder ofrecer ninguna solución para algo ....
No podemos ofrecer ninguna solución de momento para solucionar el problema.

no poderse permitir el lujo de hacer algo ....
En tu situación actual no te puedes permitir el lujo de faltar a la reunión.

[no] ser consciente de algo / [no] ser consciente del hecho [de] que ... .
(1) ¿Es usted realmente consciente de las consecuencias de su decisión?
(2) Algunos jóvenes no son conscientes del hecho [de] que cometen un grave error en abandonar los estudios.

[no] ser el caso ....
Si hubiéramos presentado la solicitud, ya nos habrían dado la excedencia, pero este no es el caso.

no sirve de nada hacer algo / es inútil que (+ subj.) ..
(1) No sirve de nada volver a discutirlo todo.
(2) Es inútil que hagas la tarea si no la entiendes.

72 Constatar hechos

Das kann niemand [genau] vorhersagen/-sehen).

es steht außer Zweifel, dass ... /es besteht kein Zweifel [daran], dass ... / es steht fest, dass ...

Es steht außer Zweifel, dass er seine Meinung geändert hat, nachdem er uns besser kennengelernt hat.

für etwas keine Lösung anzubieten haben

Wir haben momentan keine Lösung für das Problem anzubieten.

es sich nicht leisten können, etwas zu tun

In deiner momentanen Lage kannst du es dir nicht leisten, auf der Versammlung zu fehlen.

sich einer Sache [nicht] bewusst sein / sich [nicht] der Tatsache bewusst sein, dass ...

(1) Sind Sie sich wirklich der Konsequenzen Ihrer Entscheidung bewusst?

(2) Manche Jugendliche sind sich nicht der Tatsache bewusst, dass sie einen gravierenden Fehler begehen, wenn sie die Schule abbrechen.

[nicht] der Fall sein

Wenn wir einen Antrag gestellt hätten, wären wir schon beurlaubt worden, aber das ist nicht der Fall.

es nützt nichts, etwas zu tun / es ist zwecklos, dass ...

(1) Es nützt nichts, das alles noch einmal zu diskutieren.

(2) Es ist zwecklos, dass du die Arbeit machst, wenn du sie nicht verstehst.

no tener nada que ver con algo ....
Esa cosa no tiene nada que ver con la otra.

no tener otra elección más que hacer algo ....
Después me arrepentiré de esto, pero no tengo otra elección más que firmar el documento.

ocuparse de algo ....
En esta ventanilla no nos ocupamos de tales asuntos.

oscilar entre … y … ....
La diferencia de precios entre algunos supermercados oscila entre un dos y un cinco por ciento.

pasar [prácticamente] desapercibido (inadvertido) ..
El estudiante de la última fila ha pasado prácticamente desapercibido hasta ahora.

pensar igual / ser de la misma forma de pensar ....
Nosotros pensamos igual acerca de ese tema.

perder el contacto con alg. ....
Por desgracia después de varios años perdí el contacto con mis compañeros de escuela.

plantear un problema ....
Este caso plantea un problema de discriminación.

74 Constatar hechos

nichts mit etwas zu tun haben
Diese Sache hat mit der anderen nichts zu tun.

keine andere Wahl haben, als etwas zu tun
Ich werde es später bereuen, aber ich habe keine andere Wahl, als das Dokument zu unterschreiben.

sich mit etwas befassen
An diesem Schalter befassen wir uns nicht mit solchen Angelegenheiten.

schwanken (sich bewegen) zwischen ... und ...
Die Preisunterschiede zwischen den Supermärkten bewegen sich zwischen zwei und fünf Prozent.

[praktisch] unbeachtet (unbemerkt) bleiben / [praktisch] nicht beachtet (bemerkt) werden
Der Student in der letzten Reihe ist bisher praktisch unbeachtet geblieben.

ebenso denken / die gleiche Ansicht vertreten
Wir vertreten bei diesem Thema die gleiche Ansicht.

den Kontakt zu jdm. verlieren
Nach ein paar Jahren verlor ich leider den Kontakt zu meinen Schulkameraden.

ein Problem aufwerfen (mit sich bringen)
Dieser Fall wirft ein Diskriminierungsproblem auf.

poner de manifiesto algo ....

Nos gustaría poner de manifiesto las cualidades ecológicas del nuevo producto.

por eso / por ese motivo ....

Por eso no quiero hablar de mi vida privada en público.

provocar algo ....

Les gusta provocar diferentes reacciones a sus oyentes.

queda claro que ... .

Queda claro que con esos clientes ya hemos terminado el negocio.

quitar importancia a algo / minimizar algo ....

El portavoz ha quitado importancia al retraso de ayer de los asistentes.

resultar de algo ....

De ello resultan algunos potenciales para cooperaciones en el ámbito de la cultura.

sacar provecho de algo ....

En las elecciones de domingo los demócratas sacaron provecho de las falsas promesas electorales de los socialistas.

76   Constatar hechos

etwas deutlich machen (zeigen)
Wir möchten die umweltfreundlichen Eigenschaften des neuen Produkts deutlich machen.

daher / deshalb / aus diesem Grund
Deshalb will ich in der Öffentlichkeit nicht über mein Privatleben reden.

etwas auslösen (hervorrufen)
Ihnen gefällt es, bei den Zuhörern unterschiedliche Reaktionen auszulösen.

es steht fest, dass ...
Es steht fest, dass wir mit diesen Kunden nicht mehr ins Geschäft kommen.

etwas herunterspielen (bagatellisieren)
Der Sprecher hat die gestrige Verspätung der Teilnehmer heruntergespielt.

sich aus etwas ergeben / aus etwas folgen (resultieren)
Daraus ergeben sich einige Möglichkeiten der Zusammenarbeit im kulturellen Bereich.

von etwas profitieren / aus etwas Gewinn ziehen
Die Demokraten profitierten bei der Wahl am Sonntag von den falschen Wahlversprechen der Sozialisten.

Se puede decir con seguridad que ... .

Se puede decir con seguridad que no nos han robado gracias a la alarma de la casa.

Se puede deducir (extraer) que ... .

Se puede deducir que se necesita alguien con conocimientos buenos de informática.

se requiere (necesita) algo para hacer algo ....

Esta vez se requiere la ayuda de un profesional para reparar el daño.

se sobreentiende que ... .

Se sobreentiende que tú tienes que presentarte personalmente en la oficina del secretario.

se trata de algo / se trata de hacer algo ....

(1) Ahora se trata de las propuestas que han hecho los nuevos socios.

(2) Se trata de hacer una colecta para ayudar a los más necesitados.

ser inconsecuente ....

Cuando Pedro dice una cosa y hace otra es inconsecuente.

ser recíproco ....

Bueno, en la vida todo es recíproco.

78　Constatar hechos

Man kann mit Sicherheit sagen, dass ...

Man kann mit Sicherheit sagen, dass wir dank unseres Hausalarms nicht ausgeraubt wurden.

Man kann daraus schließen, dass ...

Man kann daraus schließen, dass sie jemanden mit guten Informatikkenntnissen brauchen.

es erfordert eine Sache (es bedarf einer Sache), um etwas zu tun

Diesmal bedarf es der Hilfe eines Fachmanns, um den Schaden zu beheben.

es versteht sich von selbst, dass ...

Es versteht sich von selbst, dass du dich persönlich im Sekretariat vorstellen musst.

es geht (handelt sich) um etwas / es geht darum, etwas zu tun

(1) Jetzt geht es um die Vorschläge, die die neuen Teilhaber gemacht haben.
(2) Es geht darum, eine Sammelaktion durchzuführen, um den Bedürftigsten zu helfen.

inkonsequent sein

Jedesmal, wenn Pedro etwas sagt, aber etwas anderes tut, ist er inkonsequent.

auf Gegenseitigkeit beruhen

Nun ja, im Leben beruht alles auf Gegenseitigkeit.

ser un grano de arena en el desierto / ser una gota de agua en el océano ....

Ya hay demasiados cambios y además nuestras propuestas van a ser un grano de arena en el desierto.

sólo poder hacer conjeturas (suposiciones/hipótesis) acerca de algo ....

Acerca de la cantidad de puestos de trabajo que se ofrecerán el próximo año en nuestra empresa sólo podemos hacer suposiciones.

solucionar un problema ....

Con la ayuda de varios compañeros solucionamos el problema.

Subir un ... % ....

Los precios han subido en los últimos días un 2 %.

tal y como sucede a menudo ....

Debemos darnos prisa para comprar las entradas ya que tal y como sucede a menudo algunos días antes del concierto ya están casí todas vendidas.

tener algo en común / asemejarse a algo ....

Nosotros tenemos muchas cosas en común con nuestros amigos.

tener (conllevar) consecuencias [negativas, peligrosas, etc.] ....

El consumo indebido de alcohol conlleva consecuencias negativas para la salud.

ein Tropfen auf den heißen Stein sein

Es gibt schon zu viele Änderungen, und außerdem werden unsere Vorschläge [nur] ein Tropfen auf den heißen Stein sein.

über etwas nur Vermutungen anstellen können /
über etwas nur spekulieren (mutmaßen) können

Über die Zahl an neuen Arbeitsplätzen, die für das kommende Jahr in unserer Firma angeboten werden, kann man nur Vermutungen anstellen.

ein Problem lösen

Wir haben das Problem mit Hilfe einiger Kollegen gelöst.

um ... % steigen

Die Preise sind in den letzten Tagen um 2 % gestiegen.

wie es oft der Fall ist / wie es oft vorkommt

Wir müssen uns beeilen, die Eintrittskarten zu kaufen, da – wie es oft einige Tage vor dem Konzert der Fall ist – nur noch Restkarten zu haben sind.

etwas gemeinsam haben / sich in etwas ähneln

Wir haben viele Dinge mit unseren Freunden gemeinsam.

[negative, gefährliche usw.] Konsequenzen (Folgen)
haben

Der Missbrauch von Alkohol hat negative Folgen für die Gesundheit (wirkt sich negativ auf die Gesundheit aus).

Konstatieren von Sachverhalten 81

tener derecho de intervenir en algo ....

No tengo derecho de intervenir en los planes de mi jefe.

tomar conciencia de algo / tomar conciencia del hecho de que ... .

(1) Ya va siendo hora de que tomes conciencia de la realidad.

(2) Los lectores toman conciencia del hecho de que el autor intenta manipularlos.

uno de cada tres (cuatro, cinco, etc.) ....

Uno de cada tres defiende la idea de que los toros son una muestra de maltrato animal.

Ya veo que ... / Como veo ... .

Ya veo que ustedes tienen el negocio muy bien organizado.

bei etwas ein Mitspracherecht haben

Ich habe bei den Plänen meines Chefs kein Mitspracherecht.

**sich einer Sache bewusst werden / sich der Tatsache
bewusst werden, dass ...**

(1) Es wird allmählich Zeit, dass du dir der Realität bewusst wirst.
(2) Die Leser werden sich der Tatsache bewusst, dass der
Autor sie zu manipulieren versucht.

jeder Dritte (Vierte, Fünfte usw.)

Jeder Dritte unterstützt den Vorwurf, dass Stierkämpfe
Tierquälerei sind.

Wie ich sehe, ...

Wie ich sehe, haben Sie Ihr Geschäft sehr gut organi-
siert.

6. Evaluar hechos

a juzgar por algo . . . .
A juzgar por tu aspecto físico el trabajo ha sido muy duro.

a primera vista . . . .
A primera vista no parece una persona muy exigente.

alg. se equivoca [enormemente] (comete un error [gravísimo]) cuando dice que ... .
Está cometiendo un error gravísimo cuando dice que la culpa la tiene el policía.

alg. tiene [mucha / toda la] razón cuando dice que ...
Tiene razón cuando dice que él no puede ayudarnos.

algo no puede ser tratado a la ligera / no se puede hacer la vista gorda con algo . . . .
Estos asuntos tan importantes sobre la educación de nuestros hijos no pueden ser tratados a la ligera.

[aun] teniéndolo todo en cuenta . . . .
Aun teniéndolo todo en cuenta debemos arriesgarnos.

6. Einschätzung von Sachverhalten

nach etwas zu urteilen
Nach deinem Aussehen zu urteilen, war die Arbeit [wohl] sehr anstrengend.

auf den ersten Blick
Auf den ersten Blick scheint er nicht sehr anspruchsvoll zu sein.

jd. irrt sich [sehr/gewaltig], wenn er sagt, dass ...
Er irrt sich gewaltig, wenn er sagt, dass der Polizist schuld daran ist.

jd. hat [völlig] recht, wenn er sagt, dass ...
Er hat recht, wenn er sagt, dass er uns nicht helfen kann.

**etwas kann nicht einfach [so] abgetan werden /
über etwas kann nicht einfach [so] hinweggegangen werden**
Diese wichtigen Dinge in Bezug auf die Erziehung unserer Kinder können nicht einfach so abgetan werden.

[selbst] wenn man all das berücksichtigt (in Betracht zieht)
Selbst wenn man all das in Betracht zieht, müssen wir es riskieren.

Ciertamente (Claramente/Pues) no es el camino más fácil, pero ... .

Ciertamente no es el camino más fácil pero es el que mejores resultados da.

con [toda la] razón ....

Me pidió con razón que le devolviera el bolígrafo.

considerar un problema [como] leve (insignificante)

El problema del que habla lo considero [como] insignificante comparado con otros.

cuestionar algo ....

A pesar de haber sido una buena presentación han cuestionado todas mis propuestas.

dar la impresión [de] que ... .

Da la impresión de que es un poco torpe para hacer eso.

dar rodeos a algo ....

No tiene las ideas claras y por eso no para de dar rodeos a las cosas.

dejar [mucho] que desear ....

Su intervención de ayer dejó mucho que desear.

descartar la posibilidad de hacer algo ....

El jefe descarta la posibilidad de cancelar el proyecto.

86 Evaluar hechos

Das ist gewiss (freilich/zwar) nicht der einfachste Weg, aber ...

Das ist gewiss nicht der einfachste Weg, aber er bringt die besten Ergebnisse.

mit (zu) Recht

Er bat mich zu Recht, ihm den Kugelschreiber zurückzugeben.

ein Problem als gering (unbedeutend) betrachten

Das Problem, von dem Sie sprechen, betrachte ich, verglichen mit anderen, als [eher] unbedeutend.

etwas in Frage stellen

Obwohl es eine gute Präsentation war, haben sie alle meine Vorschläge in Frage gestellt.

den Eindruck machen, dass (als ob) ...

Er macht den Eindruck, als ob er dafür etwas zu ungeschickt sei.

um etwas herumreden

Er hat keine klaren Vorstellungen und redet deshalb immer weiter um die Dinge herum.

[sehr] zu wünschen übriglassen

Sein gestriger Redebeitrag ließ sehr zu wünschen übrig.

die Möglichkeit ausschließen, etwas zu tun

Der Chef schließt die Möglichkeit aus, das Projekt [ganz] zurückzuziehen.

Einschätzung von Sachverhalten 87

**el objetivo principal [de algo] debe (debería)
consistir en hacer algo** ....

El objetivo principal de la campaña debe consistir en
conseguir la alfabetización completa de las zonas más
pobres de Suramérica.

**En eso tienes (tiene) razón. / En eso no tienes
(tiene) razón.** ....

En última instancia eso significa que ... .

En última instancia eso significa que debes hacer todo lo
que ellos te dicen.

en vista de algo ....

En vista de lo sucedido, creo que lo mejor será que recha-
ces su invitación.

**Es aconsejable (se aconseja) hacer algo
(no hacer nada).** ....

Es aconsejable seguir las noticias financieras,

Es una buena (mala) señal que (+ subj.) ....

Es una buena señal que el jefe te haya llamado a casa para
felicitarte.

Eso es lo principal (esencial / más importante). .....

Pues, aceptas mis disculpas. Eso es lo principal.

88   Evaluar hechos

das Hauptziel [einer Sache] muss (sollte) darin bestehen, etwas zu tun

Das Hauptziel der Kampagne muss darin bestehen, eine komplette Alphabetisierung der armen Gegenden Südamerikas zu erreichen.

Da hast du (haben Sie) recht. / Da hast du (haben Sie) unrecht.

Das bedeutet letztlich (letzten Endes), dass ...

Das bedeutet letzten Endes, dass du alles tun sollst, was sie sagen.

angesichts (in Anbetracht) einer Sache

Angesichts des Vorfalls (Vorgefallenen) glaube ich, wird es besser sein, wenn du seine Einladung ausschlägst.

Es ist ratsam (Es empfiehlt sich), etwas [nicht] zu tun

Es ist ratsam, die Wirtschaftsnachrichten zu verfolgen.

Es ist ein gutes (schlechtes) Zeichen, dass ...

Es ist ein gutes Zeichen, dass der Chef dich angerufen hat, um dich zu beglückwünschen.

Das ist die Hauptsache.

Also, du nimmst meine Entschuldigung an. Das ist die Hauptsache.

extrañamente/raramente ....

Extrañamente los resultados no se conocerán hasta dentro de tres meses.

formarse una opinión [definitiva] acerca de
algo (alg.) ....

Ya se había formado una opinión definitiva de la comida hasta que probó una paella.

infravalorar algo (a alg.) ....

Creo que estáis infravalorando el trabajo del nuevo empleado.

La lección que se puede aprender de todo esto es
que ... .

La lección que se puede aprender de todo esto es que no debemos apresurarnos tanto.

La solución más fácil es ... .

La solución más fácil es devolver los contratos.

las posibilidades de alg. [para hacer algo]
son pocas ....

Aunque te empeñes creo que tus posibilidades para cambiar las cosas son pocas.

Lo importante es que (+ subj.) ....

Lo importante es que se hayan entretenido.

90 Evaluar hechos

merkwürdigerweise/seltsamerweise
Merkwürdigerweise wird man die Ergebnisse erst in drei Monaten erfahren.

sich ein [endgültiges] Urteil über etwas (jdn.) bilden
Er hatte sich bereits ein endgültiges Urteil über das Essen gebildet, bis zu dem Tag, an dem er Paella probierte.

etwas (jdn.) unterschätzen
Ich glaube, dass ihr die Arbeit des neuen Mitarbeiters unterschätzt.

Die Lehre, die man daraus (aus all dem) ziehen kann ist, dass ...
Die Lehre, die man aus all dem ziehen kann ist, dass wir uns nicht so beeilen dürfen.

Die einfachste Lösung ist [die] ...
Die einfachste Lösung ist [die], die Verträge zurückzugeben.

jds. Möglichkeiten [etwas zu tun] sind gering
Auch wenn du darauf beharrst, denke ich, dass deine Möglichkeiten, die Dinge zu verändern, gering sind (dass du die Dinge kaum verändern können wirst).

Hauptsache ist, dass ...
Hauptsache ist, dass sie sich amüsiert haben.

Einschätzung von Sachverhalten 91

Lo que pasa es que ... .
Lo que pasa es que probablemente la mercancía no llegará a tiempo.

**Lo que personalmente puedo constatar es
[el hecho de] que ...** ....
Lo que personalmente puedo constatar es que los estudiantes de hoy están muy motivados.

[no] ser el único (la única) que cree que ... .
No soy el único que cree que está dando excusas.

**¿Para qué hacer algo? / ¿De qué sirve ya hacer
algo?** ....
¿Para qué hacer una pregunta cuando ya conoces la respuesta?

saber algo por experiencia ....
Sé por experiencia que los buenos resultados no se consiguen al principio.

Se puede prever ya que ... .
Se puede prever ya que reaccionará de forma positiva a la noticia.

ser en parte correcto (cierto) ....
Esto es desgraciadamente sólo en parte cierto.

Es ist Folgendes: ... / Es ist so, dass ...

Es ist so, dass die Ware möglicherweise nicht rechtzeitig eintrifft.

Was ich persönlich feststelle (feststellen kann), ist [die Tatsache], dass ...

Was ich persönlich feststelle ist, dass die heutigen Studenten sehr motiviert sind.

[nicht] der Einzige (die Einzige) sein, der (die) glaubt, dass ...

Ich bin nicht der Einzige, der glaubt, dass er gerade Ausreden erfindet.

Wozu etwas tun? / Was nützt das (es) [schon], etwas zu tun?

Wozu eine Frage stellen, auf die du die Antwort schon kennst?

etwas aus Erfahrung wissen

Ich weiß aus Erfahrung, dass die guten Ergebnisse nicht gleich am Anfang erzielt werden.

Es ist [schon jetzt] vorauszusehen, dass ...

Es ist schon jetzt vorauszusehen, dass er auf die Nachricht positiv reagieren wird.

zum Teil richtig (wahr) sein

Das ist [aber] leider nur zum Teil wahr.

ser fundado (fundada) ....

Su argumento es poco fundado.

Si la tendencia actual se mantiene, ...

Si la tendencia actual se mantiene, en dos años podremos vender nuestros productos en toda Europa.

**Si se observa detalladamente, uno puede darse
cuenta de que ...** ....

Si se observa detalladamente, uno puede darse cuenta de que en el siglo XIX ya existían los mismos problemas que hoy.

Si uno se para a pensarlo, se puede decir que ... .

Si uno se para a pensarlo, se puede decir que se hubiera podido evitar.

sobrevalorar algo (a alg.) ....

Tal vez habíamos sobrevalorado a la persona antes de conocerla.

tender a hacer algo ....

Cierta parte de la población tiende a pensar que a los políticos sólo les interesa el dinero.

Todo deja suponer que ... .

Todo deja suponer que algunos países europeos mintieron en los datos económicos.

94 Evaluar hechos

stichhaltig sein

Ihr Argument ist wenig stichhaltig.

Wenn die gegenwärtige Tendenz anhält, ...

Wenn die gegenwärtige Tendenz anhält, werden wir in zwei Jahren unsere Produkte in ganz Europa verkaufen können.

Wenn man [einmal] genauer (näher) hinsieht, kann man (wird man) feststellen, dass ...

Wenn man [einmal] genauer hinsieht, kann man feststellen, dass es im 19. Jh. schon die gleichen Probleme gab wie heute.

Wenn man [einmal] richtig darüber nachdenkt, muss man sagen, dass ...

Wenn man [einmal] richtig darüber nachdenkt, muss man sagen, dass man es hätte vermeiden können.

etwas (jdn.) überschätzen

Vielleicht hatten wir die Person überschätzt, bevor wir sie richtig kennenlernten.

dazu neigen, etwas zu tun

Ein gewisser Teil der Bevölkerung neigt dazu, zu glauben, dass Politiker nur am Geld interessiert seien.

Alles lässt darauf schließen, dass ...

Alles lässt darauf schließen, dass einige europäische Länder bei den Wirtschaftsdaten gelogen haben.

Einschätzung von Sachverhalten 95

tomar a la ligera algo ....

Usted no debe tomar a la ligera el anuncio de huelga.

tomarse algo en serio ....

No parece que se tomen el trabajo en serio.

**Uno puede decir en líneas generales
(en general) que …** ....

Uno puede decir en líneas generales que la nueva iniciativa del instituto de empleo es innovadora.

Vamos a tener que asumir el riesgo. ....

Vamos a tener que asumir el riesgo porque no nos queda otra posibilidad.

etwas auf die leichte Schulter nehmen

Sie dürfen die Streikankündigung nicht auf die leichte Schulter nehmen.

etwas ernst nehmen

Es sieht nicht so aus, als nähmen sie ihre Arbeit ernst.

Man kann ganz allgemein sagen, dass ...

Man kann ganz allgemein sagen, dass die neue Initiative der Agentur für Arbeit innovativ ist.

Dieses Risiko werden wir [schon] eingehen müssen. / Das werden wir [schon] riskieren müssen.

Dieses Risiko werden wir eingehen müssen, da uns keine andere Möglichkeit bleibt.

7. Contrastar informaciones y expresar oposición

contrariamente a algo (alg.) ....
(1) Contrariamente a lo que dice la gente es una persona simpática.
(2) Por cierto, yo, contrariamente a usted, no creo en la resurrección.

**el pro y el contra / los pros y los contras /
las ventajas e inconvenientes** ....
Han discutido sobre los pros y los contras de la nueva reforma.

en cambio / por el contrario ....
En el terremoto de la semana pasada no hubo que lamentar muertos, pero los daños materiales, en cambio, fueron considerables.

en [la] teoría … en [la] práctica ....
En teoría las cosas siempre parecen más simples de lo que son en la práctica.

Hay que diferenciar entre … y … ....
Hay que diferenciar entre los que se van a vivir al extranjero y los que van sólo de vacaciones.

98   Contrastar informaciones y expresar oposición

7. Gegensatz/Gegenüberstellung

im Gegensatz zu etwas (jdm.)

(1) Im Gegensatz zu dem, was die Leute sagen, ist er wirklich nett.

(2) Übrigens glaube ich, im Gegensatz zu Ihnen, nicht an die Wiederauferstehung.

das Für und Wider / die Vor- und Nachteile

Sie haben das Für und Wider der neuen Reform diskutiert.

dagegen/hingegen/dafür

Beim Erdbeben letzte Woche gab es keine Toten zu beklagen, dafür sind die Sachschäden beträchtlich.

**theoretisch (in der Theorie) ... praktisch
(in der Praxis)**

Die Dinge sehen in der Theorie immer einfacher aus, als sie in der Praxis sind.

**Man muss (Wir müssen) unterscheiden zwischen ...
und ...**

Man muss unterscheiden zwischen denjenigen, die ins Ausland gehen, um dort zu leben, und denjenigen, die nur in den Urlaub fahren.

Las apariencias engañan. ....

Lo paradójico de la situación es que ... .
Lo paradójico de la situación es que al principio todos estuvieron de acuerdo.

por una parte ..., por otra [parte] ... / de un lado ..., de otro [lado] ... .
(1) Por una parte se alegró de mi llamada, por otra no tenía nada que contarme.
(2) De un lado las ventajas de comprar ropa barata son innegables, de otro lado esas prendas suelen durar muy poco tiempo.

ser incompatible con algo ....
Las ideas políticas que defiende son incompatibles con la libertad de expresión.

ser [totalmente] contrario a algo / estar [completamente] en contradicción con algo ....
Esto está completamente en contradicción con lo que decías antes.

Todo lo contrario. ....
¿Te molesta si cojo prestado tu paraguas? – Todo lo contrario, no te preocupes, tengo uno en el coche.

Der Schein trügt.

Das Paradoxe (Widersinnige) an der Situation ist, dass ...

Das Paradoxe an der Situation ist, dass zuerst alle einverstanden waren.

einerseits ..., andererseits ... / auf der einen Seite ..., auf der anderen Seite ...

(1) Einerseits freute sie sich über meinen Anruf, andererseits hatte sie mir nicht viel zu erzählen.

(2) Auf der einen Seite ist es von Vorteil, preiswerte Kleidung zu kaufen, auf der anderen Seite halten solche Kleidungsstücke für gewöhnlich nur kurze Zeit.

mit etwas unvereinbar sein

Die politischen Ideen, die er vertritt, sind mit der Meinungsfreiheit unvereinbar.

im [völligen] Gegensatz (Widerspruch) zu etwas stehen

Das steht im völligen Widerspruch zu dem, was du vorher gesagt hast.

[Ganz] im Gegenteil.

Stört es dich, wenn ich mir deinen Regenschirm ausleihe? – Ganz im Gegenteil, mach dir keine Gedanken, ich habe noch einen im Auto.

Gegensatz/Gegenüberstellung 101

... y viceversa / ... y al revés ....

(1) El jefe respeta a los empleados y viceversa.

(2) Resulta fácil cuando aparentemente es difícil y al revés.

... und umgekehrt

(1) Der Chef respektiert seine Mitarbeiter und umgekehrt.

(2) Es stellt sich als einfach heraus, wenn es schwierig aussieht und umgekehrt.

8. Elementos de transición / Segmentos discursivos utilizados para evitar pausas

Acabo de perder el hilo de la conversación. ....
Lo siento pero acabo de perder el hilo de la conversación.

Bromas aparte ....
Bromas aparte, ¿quiénes están interesados de verdad en colaborar?

como dices / como dicen ....
Como dices podríamos hacer algunas entrevistas para recoger diferentes opiniones.

como digo / como acabo de mencionar / como ya [te/le] he dicho ....
(1) Como digo, me encanta la idea de dar la vuelta al mundo.
(2) No me gusta que me interrumpa, como ya le he dicho.

como era de esperar ....
Como era de esperar, la recesión de la economía española se profundiza.

¿cómo lo digo pues? / ¿cómo lo diría? ....
Esa comida es – ¿cómo lo diría? – un poco rara.

104 Elementos de transición / Segmentos discursivos

8. Überleitung/
Sprechpausenüberbrückung

Ich habe [gerade] den Faden verloren.
Es tut mir leid, aber ich habe gerade den Faden verloren.

Scherz/Spaß beiseite
Spaß beiseite, wer ist wirklich daran interessiert mitzuarbeiten?

wie du sagst / wie Sie sagen
Wie du sagst, könnten wir einige Interviews führen, um mehrere Meinungen einzuholen.

wie gesagt / wie ich [dir/Ihnen] schon gesagt habe
(1) Wie gesagt, mir gefällt die Vorstellung, eine Weltreise zu unternehmen.
(2) Wie ich Ihnen schon gesagt habe, gefällt es mir nicht, unterbrochen zu werden.

wie zu erwarten war
Wie zu erwarten war, verschärft sich die Rezession in Spanien.

wie soll ich sagen (?)
Dieses Essen ist – wie soll ich sagen – ein bisschen eigenartig.

comprensiblemente ....

Comprensiblemente Ana compartió con su novio los rumores acerca de él.

De todos modos ... .

De todos modos ella no es la única a la que han despedido.

dicho (sea) de paso ....

Esta foto me interesa por otra razón, dicho sea de paso.

digamos ....

El recorrido del viaje, digamos, tiene 45 km.

Digamos que ... .

¿Qué le parecen las canciones que se oyen en la radio?
– Digamos que no me convencen mucho.

estrictamente hablando / en sentido estricto ....

(1) Estrictamente hablando, el verano termina a mediados del mes que viene.
(2) En sentido estricto esto no es correcto.

¿Qué quiere (quieren) que le (les) diga? ....

¿Qué quieren que les diga? Yo prefiero mil veces un miniempleo a cobrar tanto dinero del Estado.

106 Elementos de transición / Segmentos discursivos

verständlicherweise

Verständlicherweise erzählte Ana ihrem Freund von den Gerüchten, die über ihn verbreitet wurden.

Jedenfalls / Auf jeden Fall ...

Auf jeden Fall ist sie nicht die Einzige, die entlassen wurde.

nebenbei bemerkt (gesagt)

Dieses Foto interessiert mich – nebenbei bemerkt – [noch] aus einem anderen Grund.

sagen wir mal

Die Fahrstrecke ist, sagen wir mal, 45 km lang.

[Also] sagen wir mal, ...

Wie finden Sie die Lieder, die man im Radio hört? – [Also] sagen wir mal, sie überzeugen mich nicht sehr.

genau genommen / streng genommen

(1) Genau genommen endet der Sommer Mitte nächsten Monats.

(2) Das ist streng genommen nicht richtig.

Was soll ich Ihnen sagen?

Was soll ich Ihnen sagen? Ich finde es tausendmal besser, einen Minijob anzunehmen, als so viel Geld vom Staat zu kassieren.

Sea como fuere … / En cualquier caso … ....

Sea como fuere, no creo que se diferencie mucho un caso de otro.

si se me permite decirlo así ....

Las opiniones expresadas por los ponentes están, si se me permite decirlo así, muy alejadas de la realidad.

Wie dem auch sei, ... / Jedenfalls ...

Wie dem auch sei, ich glaube nicht, dass sich die Fälle sehr voneinander unterscheiden.

wenn ich [einmal/mal] so sagen darf

Die von den Referenten geäußerten Meinungen sind, wenn ich mal so sagen darf, sehr weit entfernt von der Realität.

9. Concluir y resumir

Bueno, vamos a resumir (resumamos)
[de nuevo]: ....
    Bueno, vamos a resumir de nuevo: El texto trata de ...

de ahí la importancia de algo (de hacer algo) ....
    (1) De ahí la importancia de la huelga general.
    (2) De ahí la importancia de leer entre líneas.

Y eso es todo. ....

dejarlo así ....
    Es mejor dejarlo así para evitar problemas mayores.

dicho de otro modo / con otras palabras ....
    (1) Dicho de otro modo no me gusta forzar la voz a la hora
    de hablar.
    (2) Con otras palabras, el mundo ya no es lo que era.

en resumen / en una palabra ....
    En resumen estoy muy contento con los resultados con-
    seguidos.

9. Abschluss / Zusammenfassung von Gesprächsbeiträgen

Also fassen wir [noch einmal] [kurz] zusammen:...
Also fassen wir noch einmal [kurz] zusammen: Der Text handelt von ...

**daher die [große] Bedeutung von etwas /
darum ist es [so] wichtig etwas zu tun**
(1) Daher die große Bedeutung des Generalstreiks.
(2) Darum ist es [so] wichtig, zwischen den Zeilen zu lesen.

So viel dazu.

es dabei belassen / es auf sich beruhen lassen
Es ist besser, es dabei zu belassen, um größere Probleme zu vermeiden.

anders gesagt / anders ausgedrückt / mit anderen Worten
(1) Anders ausgedrückt: Ich mag meine Stimme nicht überanstrengen, wenn ich spreche.
(2) Mit anderen Worten, die Welt ist nicht mehr das, was sie war.

kurzum / kurz und gut / mit einem Wort
Kurzum, ich bin mit den erzielten Ergebnissen sehr zufrieden.

en total / en resumen ....

En total ha sido todo un éxito a pesar de algunos problemas.

**Para terminar (Concluyendo) me gustaría decir
lo siguiente:** ....

Para terminar me gustaría decir lo siguiente: Me ha ale-
grado mucho el gran compromiso de mis colaboradores.

perfilar (esbozar) algo ....

Esbocemos el contenido de la novela.

Recordemos brevemente ....

Recordemos brevemente las aportaciones de los autores
que contribuyeron a este libro.

Resumiendo se puede decir que ....

Resumiendo se puede decir que ha sido un trabajo inten-
so pero agradable.

resumirse en una sola palabra (en una frase) ....

Todo su discurso se resume en una frase.

**Si recapitulamos (resumimos) podemos darnos
cuenta de que** ....

Si recapitulamos podemos darnos cuenta de que ahora
no pensamos lo mismo que antes acerca de este tema.

**alles in allem / im Ganzen gesehen /
summa summarum**

Alles in allem ist es trotz einiger Probleme ein voller Erfolg gewesen.

**Abschließend (Zum Abschluss) möchte ich [noch]
Folgendes sagen: ...**

Abschließend möchte ich noch Folgendes sagen: Ich habe mich sehr über das große Engagement meiner Mitarbeiter gefreut.

etwas [kurz] umreißen / etwas skizzieren

Lasst uns kurz den Inhalt des Romans umreißen.

Vergegenwärtigen wir uns [noch einmal] kurz ...

Vergegenwärtigen wir uns kurz die Beiträge der Autoren, die bei diesem Buch mitgewirkt haben.

Zusammenfassend kann man sagen, dass ...

Zusammenfassend kann man sagen, dass es [zwar] eine intensive, aber auch angenehme Arbeit war.

**sich mit einem [einzigen] Wort (einem [einzigen]
Satz) zusammenfassen lassen**

Seine ganze Rede lässt sich mit einem Satz zusammenfassen.

**Wenn wir [noch einmal] kurz zusammenfassen,
stellen wir fest, dass ...**

Wenn wir kurz zusammenfassen, stellen wir fest, dass wir über dieses Thema jetzt anders denken als am Anfang.

Abschluss / Zusammenfassung von Gesprächsbeiträgen   113

tenemos que poner fin a algo ....
Tenemos que poner fin a esta crisis.

tengo que concluir / tengo que ir terminando ....
Tengo que concluir, pero antes les quería dar las gracias
por su asistencia.

Todo esto nos lleva a concluir que ... .
Todo esto nos lleva a concluir que el personaje principal
estaba todo el tiempo soñando.

Y para terminar (concluir) ... .

Ya está bien por hoy. / Ya es suficiente por hoy. ......

wir müssen [endlich / endlich einmal] mit etwas Schluss machen (einer Sache ein Ende setzen)

Wir müssen dieser Krise [endlich] ein Ende setzen.

ich muss zum Schluss kommen

Ich muss zum Schluss kommen, aber nicht ohne mich vorher für Ihre Teilnahme zu bedanken.

All das lässt uns zu dem Schluss kommen (gelangen), dass ...

All das lässt uns zu dem Schluss kommen, dass die Hauptperson die ganze Zeit geträumt hat.

Um zum [Ab-]Schluss zu kommen ...

So weit für heute.

10. Expresiones varias de uso frecuente en discusiones, conversaciones y comentarios

aclarar (explicar) algo ....
Me gustaría aclarar cuáles han sido los motivos de mi dimisión.

¿Adónde quieres (quiere) llegar [con ...]? ....
¡Explíquese mejor, por favor! ¿Adónde quiere llegar con esa afirmación?

adoptar medidas encaminadas a algo ....
Según acuerdos europeos los políticos adoptaron medidas encaminadas a mejorar la situación laboral de los jóvenes.

al respecto ....
Ya les he anunciado anteriormente que no voy a hablar al respecto.

aparte de eso / por lo demás ....
Aparte de eso me gustaría comentarles también las ventajas de la nueva iniciativa.

116 Expresiones varias de uso frecuente

10. Häufig gebrauchte allgemeine Wendungen beim Diskutieren und Kommentieren sowie im Gespräch – ohne besondere Zuordnung

etwas [auf]klären (erläutern/erklären)
Ich möchte gerne die Gründe für meinen Rücktritt erläutern.

Worauf willst du (wollen Sie) hinaus? / Was willst du (wollen Sie) damit sagen?
Drücken Sie sich bitte klarer aus! Was wollen Sie damit sagen?

Maßnahmen ergreifen, die auf etwas abzielen
Entsprechend der europäischen Vereinbarungen ergriffen die Politiker Maßnahmen, die darauf abzielten, die Arbeitssituation der Jugendlichen zu verbessern (die auf die Verbesserung der Arbeitssituation der Jugendlichen abzielten).

diesbezüglich / darüber (hierüber)
Ich habe Ihnen schon vorhin angekündigt, dass ich darüber nicht sprechen werde (mich diesbezüglich nicht äußern werde).

abgesehen davon / ansonsten
Abgesehen davon möchte ich Ihnen auch noch die Vorteile unserer neuen Initiative darlegen.

atribuirse a algo ....

El cambio climático se atribuye al calentamiento global.

aun así / no obstante ....

Aun así no presta atención en su trabajo de lo que después se arrepentirá.

complicar las cosas [innecesariamente] ....

El ponente sólo complica innecesariamente las cosas.

con el pretexto (la excusa) de [que] ... .

Se marchó temprano de la fiesta con el pretexto de tener dolor de cabeza.

con la condición de que (+ subj.) / siempre
y cuando (+ subj.) ....

Las solicitudes serán admitidas con la condición de que sean entregadas a tiempo.

considerar que ... **/ tener en cuenta que** ... .

Ten en cuenta que se trata aquí de alumnos bilingües.

corresponder con algo ....

El precio del móvil no corresponde con su valor real.

auf etwas zurückzuführen sein

Der Klimawandel ist auf die globale Erwärmung zurückzuführen.

dessen ungeachtet / dennoch / trotzdem

Dessen ungeachtet schenkt er seiner Arbeit keine Aufmerksamkeit, was er sicher noch bereuen wird.

die Dinge [unnötig] komplizieren (kompliziert machen)

Der Referent macht die Dinge unnötig kompliziert.

unter dem Vorwand, [dass] …

Er verließ unter dem Vorwand, Kopfschmerzen zu haben, frühzeitig die Party.

unter der Bedingung, dass … / vorausgesetzt, dass … / sofern …

Die Anträge werden angenommen unter der Bedingung, dass sie rechtzeitig eingereicht werden.

berücksichtigen, dass … / beachten, dass …

Beachte, dass es sich hier um zweisprachige Schüler handelt.

einer Sache entsprechen

Der Preis des Handys entspricht nicht seinem tatsächlichen Wert.

dar [a alg.] que pensar / dejar pensativo [a alg.] ....

En realidad las informaciones que ha mencionado me dejan pensativo.

de este modo ....

De este modo no podrán molestar más a los vecinos.

depender de algo ....

El resultado del proyecto depende de vuestro esfuerzo.

**(1) desde el punto de vista de alg. / desde la
perspectiva de alg.**
(2) desde este punto de vista / desde esta perspectiva

(1) Desde el punto de vista de los trabajadores no ha sido una medida adecuada.

(2) Desde este punto de vista es comprensible la reacción.

**en comparación con algo (alg.) / comparado
con algo (alg.)** ....

En comparación con los otros empleados usted está muy bien situado.

en cuanto a ... / acerca de ... .

No hemos conseguido ponernos de acuerdo en cuanto al punto tres de las negociaciones.

en el presente caso ....

En el presente caso se observan irregularidades en la investigación.

120   Expresiones varias de uso frecuente

jdm. zu denken geben / [jdn.] nachdenklich stimmen

In Wirklichkeit stimmen mich die Informationen, die er [mir/uns] gegeben hat, nachdenklich.

auf diese Weise

Auf diese Weise können sie die Nachbarn nicht mehr stören.

von etwas abhängen

Der Erfolg des Projektes hängt von eurem Einsatz ab.

(1) von jds. Standpunkt aus / aus der Sicht von jdm.
(2) von diesem Standpunkt aus / aus dieser Sicht

(1) Vom Standpunkt der Arbeiter aus ist es keine angemessene Maßnahme gewesen.

(2) Aus dieser Sicht ist das eine verständliche Reaktion.

im Vergleich zu etwas (jdm.) / verglichen mit etwas (jdm.)

Im Vergleich zu den anderen Mitarbeitern sind Sie sehr gut situiert.

hinsichtlich ... / bezüglich ... / was ... angeht

Was den Punkt 3 der Verhandlungen angeht, konnten wir uns leider nicht einigen.

im vorliegenden Fall

Im vorliegenden Fall lassen sich Unregelmäßigkeiten bei der Ermittlung feststellen.

en estas circunstancias (condiciones) ....

En estas circunstancias no puedo firmar el contrato, lo siento.

en este caso ....

En este caso la situación es muy grave y debemos tomar medidas urgentes.

en la actualidad ....

En la actualidad llevar a cabo un proyecto de tales características sería imposible.

en lo referente a / en lo concerniente a ....

En lo referente a tu posibilidad de ascenso en la empresa pienso que será muy difícil.

en vista de algo / considerando algo ....

(1) En vista de estos contratiempos debemos empezar a trabajar cuanto antes.

(2) Considerando los problemas económicos no podemos ofrecer un nuevo proyecto a corto plazo.

entender por ... .

¿Qué entienden ustedes por un trabajo bien remunerado?

entrar en detalle ....

En el curso de fotografía hemos entrado en detalle en algunas técnicas nuevas.

122 Expresiones varias de uso frecuente

unter diesen (den gegebenen) Umständen (Bedingungen)

Unter diesen Umständen kann ich den Vertrag nicht unterschreiben; tut mir leid.

in diesem Fall

In diesem Fall ist die Lage sehr ernst, und wir müssen dringend etwas unternehmen.

gegenwärtig / zur Zeit

Zur Zeit wäre es unmöglich, ein solches Projekt durchzuführen.

was ... betrifft (angeht / anbelangt)

Was deine Beförderung in der Firma betrifft, denke ich, dass es sehr schwierig wird.

angesichts (in Anbetracht) einer Sache

(1) Angesichts dieser Zwischenfälle müssen wir so schnell wie möglich anfangen zu arbeiten.
(2) In Anbetracht der wirtschaftlichen Probleme können wir kurzfristig kein neues Projekt anbieten.

verstehen unter ...

Was verstehen Sie unter einer gut bezahlten Arbeit?

ins Detail gehen

Im Fotografiekurs sind wir bei den technischen Neuheiten ins Detail gegangen.

es decir / o sea . . . .
(1) La asistencia a la conferencia es voluntaria, es decir,
no pasa nada si no vienes.
(2) Nunca he estado en un restaurante tan elegante, o sea,
tan caro.

es decir que . . . .
Javier recibió más votos que Miguel, es decir que Javier
ganó la elección.

**Eso a usted (a ti) no le (te) importa. / ¿Y a usted qué
le importa? (¿Y a ti qué te importa?)** . . . .
Perdone, pero eso a usted no le importa, así que déjeme
en paz.

Eso es asunto mío. . . . .
No se moleste por la respuesta, pero eso es asunto mío.

Eso es otra cosa muy distinta. . . . .

[Eso] lo sé de sobra. . . . .

Eso se sobreentiende. . . . .

estar de parte de alg. . . . .
Sus amigos están casi siempre de su parte.

estar [directamente] afectado de algo . . . .
Estamos directamente afectados de los recortes de la
crisis.

das heißt

(1) Die Teilnahme an der Konferenz ist freiwillig, das heißt, es ist nicht schlimm, wenn du nicht kommst.

(2) Ich bin noch nie in einem so vornehmen, das heißt so teuren Restaurant gewesen.

das heißt (bedeutet), dass …

Javier hat mehr Stimmen erhalten als Miguel, das bedeutet, dass Javier die Wahl gewonnen hat.

Das geht Sie (dich) nichts an. / Was geht Sie (dich) das an?

Entschuldigen Sie, aber das geht Sie nichts an und jetzt lassen Sie mich in Ruhe!

Das ist meine Angelegenheit (Privatangelegenheit).

Nehmen Sie es mir nicht übel, aber das ist meine Angelegenheit.

Das ist etwas [ganz] anderes.

Davon kann ich ein Lied singen.

Das versteht sich von selbst.

auf jds. Seite stehen / zu jdm. halten

Ihre Freunde stehen fast immer auf ihrer Seite.

[unmittelbar] von etwas betroffen sein

Wir sind unmittelbar von den durch die Wirtschaftskrise bedingten Kürzungen betroffen.

estar en juego ....
En esta operación está la seguridad de los habitantes en juego.

Esto no me afecta (concierne). ....

Esto nos lleva a lo mismo. ....

etcétera / y así sucesivamente ....
Necesitamos tomates, lechuga, aceite de oliva, pepinos … etcétera.

hacer una excepción / no hacer excepción ....
Vamos a hacer una excepción y le daremos otra oportunidad.

incumbir a alg. ....
A usted no le incumben mis problemas.

indicar a alg. que … ....
La secretaria nos indicó que debíamos entregar la solicitud debidamente cumplimentada.

La excepción confirma la regla. ....

la idea central de algo ....
La idea central de la novela es el deseñgano en el amor.

126   Expresiones varias de uso frecuente

auf dem Spiel stehen
Bei diesem Einsatz steht die Sicherheit der Einwohner auf dem Spiel.

Das betrifft mich nicht.

Das kommt (läuft) auf dasselbe (das Gleiche) hinaus.

und so weiter / und so fort
Wir brauchen Tomaten, Kopfsalat, Olivenöl, Gurken … und so weiter.

eine Ausnahme machen / keine Ausnahme machen
Wir werden eine Ausnahme machen und ihm eine neue Chance geben.

jdn. [etwas] angehen
Meine Probleme gehen Sie nichts an.

jdn. darauf hinweisen, dass …
Die Sekretärin hat uns darauf hingewiesen, dass wir den Antrag richtig ausgefüllt abgeben müssen.

Die Ausnahme bestätigt die Regel.

der Leitgedanke (Grundgedanke) von etwas
Der Leitgedanke des Romans ist die enttäuschte Liebe.

llevar algo a la práctica ....

Intentan llevar a la práctica sus principios éticos para que estén presentes en su trabajo.

[no] constituir (ser) una excepción ....

Todos los gobiernos intentan reducir el paro juvenil y España no constituye una excepción.

No se me ha ocurrido pensar en ello. / Ni siquiera he caído en eso. ....

no tener nada que objetar a algo ....

Sobre esa decisión no tengo nada que objetar.

parcialmente / en parte ....

Parcialmente tiene razón en sus argumentos.

plantearse algo / reflexionar sobre algo ....

Esta es la cuestión que nos tenemos que plantear ante los fracasos financieros de los últimos años.

por el momento / por ahora ....

(1) Por ahora, no es necesario.
(2) No hay nada que podamos hacer por el momento, salvo esperar la decisión del comité.

128   Expresiones varias de uso frecuente

etwas in die Tat (Praxis) umsetzen / etwas realisieren

Sie versuchen, ihre ethischen Prinzipien in die Praxis umzusetzen, damit sie sich in ihrer Arbeit widerspiegeln.

eine (keine) Ausnahme bilden

Alle Regierungen versuchen, die Jugendarbeitslosigkeit zu reduzieren, und Spanien bildet da keine Ausnahme.

Auf die Idee bin ich [gar] nicht gekommen. / Daran habe ich [gar] nicht (nicht einmal) gedacht.

gegen etwas nichts einzuwenden haben

Gegen diese Entscheidung habe ich nichts einzuwenden.

teilweise / zum Teil

Teilweise hat er recht mit seinen Argumenten.

etwas [genau] überdenken / über etwas [genau] nachdenken

Das ist die Frage, über die wir angesichts der finanziellen Fehlschläge der letzten Jahre [einmal] [genau] nachdenken sollten.

einstweilen/vorläufig

(1) Das ist vorläufig nicht nötig.

(2) Uns bleibt einstweilen nichts anderes übrig, als die Entscheidung des Ausschusses abzuwarten.

por lo tanto / en consecuencia / por eso . . . .

Nos hemos decidido a trasladar la empresa a América. Por lo tanto no vamos a invertir en Europa.

por lo visto / evidentemente . . . .

Evidentemente no podemos hacer nada en contra de estas injusticias sociales.

querer decir con . . . .

No comprendo qué quieres decir con eso.

referirse a algo . . . .

La pregunta del político se refiere a la situación económica del país.

remontarse a las causas [de algo] . . . .

Para explicar el tema nos remontaremos a las causas de otro problema muy parecido.

resultar en algo . . . .

El desarrollo de las medidas acordadas ha resultado en un ahorro considerable de energía.

se trata de hacer algo . . . .

Se trata de fomentar la enseñanza en países en vías de desarrollo.

según el caso . . . .

Mi curso de español es el lunes y el miércoles y algunos jueves según el caso.

folglich/infolgedessen/daher

Wir haben uns entschieden, unsere Firma nach Amerika auszulagern. Folglich werden wir in Europa nicht investieren.

offensichtlich/offenbar

Offensichtlich können wir nichts gegen diese sozialen Missstände tun.

meinen (sagen wollen) mit …

Ich verstehe nicht, was du damit sagen willst.

sich auf etwas beziehen

Die Frage des Politikers bezieht sich auf die wirtschaftliche Lage des Landes.

den Ursachen [von etwas] nachgehen

Um das Thema zu erklären, werden wir den Ursachen eines ganz ähnlichen Problems nachgehen.

zu etwas führen

Die Durchführung der vereinbarten Maßnahmen hat zu einer beträchtlichen Energieeinsparung geführt.

es geht darum, etwas zu tun

Es geht darum, die Bildung in den Entwicklungsländern zu fördern.

je nachdem

Mein Spanischkurs findet montags und mittwochs statt und auch mal donnerstags, je nachdem.

ser típico de algo (alg.) ....

Lo que sucedió la semana pasada es típico de Carlos.

ser un fin en sí mismo ....

El asesor nos comentó que el libre comercio no debe ser un fin en sí mismo.

**Sólo falta saber, si (quién, cuándo, dónde,
por qué, etc.)** ... .

Sólo falta saber si vendrán muchas personas a ver la obra de teatro.

superar una dificultad ....

Después de tantos años hemos podido superar varias dificultades juntos.

**Suponiendo que (+ subj.) / Dando por hecho que
(+ subj.)** ....

Suponiendo que los expertos tengan razón en las previsiones, deberíamos crear fondos de reserva.

tener que ver con algo (alg.) ....

Los temas que usted está comentando no tienen que ver con la mercadotecnia.

tener un efecto positivo (negativo) en (sobre) algo ..

Las nuevas medidas tienen un efecto positivo en la salud de los pacientes.

132 Expresiones varias de uso frecuente

für etwas (jdn.) typisch sein

Was letzte Woche geschah, ist typisch für Carlos.

ein Selbstzweck sein

Der Berater erklärte uns, dass der Freihandel kein Selbstzweck sein dürfe.

Es fragt sich nur, ob (wer, wann, wo, warum usw.) ...

Es fragt sich nur, ob viele Leute kommen werden, um sich das Stück anzuschauen.

eine Schwierigkeit überwinden (meistern)

Nach so vielen Jahren haben wir nun einige Schwierigkeiten gemeinsam meistern können.

Angenommen, [dass] ... / Nehmen wir [einmal] an, [dass] ...

Angenommen, die Experten haben mit ihren Prognosen recht, dann sollten wir Rücklagen bilden.

es mit etwas (jdm.) zu tun haben

Die Themen, die Sie ansprechen, haben mit Marketing nichts zu tun.

eine positive (negative) Wirkung auf etwas (jdn.) haben (ausüben)

Die neuen Maßnahmen haben eine positive Wirkung auf die Gesundheit der Patienten.

Häufig gebrauchte allgemeine Wendungen 133

tomar algo en consideración ....
Espero que esta semana tomen en consideración mis palabras.

Una cosa sí que te (le) diré:… ....
Una cosa sí que le diré: después no se queje si no le gusta el resultado.

etwas berücksichtigen / etwas in Erwägung ziehen

Ich hoffe, dass sie diese Woche meine Worte berücksichtigen.

Ich will dir (Ihnen) mal was sagen: ...

Ich will Ihnen mal was sagen: Meckern Sie später nicht, wenn Ihnen das Resultat nicht passt.

Formulierungen zum organisatorischen Ablauf von Konferenzen und Sitzungen

el socio / la socia	das Mitglied
el presidente / la presidenta de un congreso (una conferencia, una reunión, una jornada)	der Vorsitzende (Leiter) / die Vorsitzende (Leiterin) eines Kongresses (einer Konferenz, einer Versammlung, einer Sitzung, einer Tagung)
presidir un congreso (una conferencia, una reunión, etc.)	den Vorsitz bei einem Kongress (einer Konferenz, einer Versammlung usw.) führen
el (la) conferenciante / el orador (la oradora)	der Redner / die Rednerin
los participantes / asistentes del congreso	die Kongressteilnehmer(innen)
el proyector	der Projektor
el rotafolio	das Flipchart
el caballete	das Gestell (*z.B. zum Flipchart*)
la sala de reuniones	der Sitzungsraum
¿A qué hora empieza la reunión?	Um wie viel Uhr fängt die Sitzung an?
¿A qué hora finaliza la reunión?	Um wie viel Uhr endet die Sitzung?
establecer una lista de oradores	eine Rednerliste festlegen

aceptar el orden del día	die Tagesordnung annehmen
ceñirse al orden del día / respetar el orden del día	sich strikt an die Tagesordnung halten / die Tagesordnung einhalten
estar en el orden del día	auf der Tagesordnung stehen
un tema (un punto) del orden del día	ein Punkt [auf] der Tagesordnung / ein Tagesordnungspunkt
borrar (eliminar) un punto del orden del día	einen Punkt von der Tagesordnung streichen
insertar (incluir) un punto nuevo en el orden del día	einen [neuen] Punkt auf die Tagesordnung setzen
Pasamos al (Continuamos con el) punto 5 del orden del día.	Wir kommen jetzt zu (Kommen wir jetzt zu) Punkt 5 der Tagesordnung. / Gehen wir nun zu Punkt 5 der Tagesordnung über.
anunciar un [pequeño] cambio en el orden del día	eine [kleine] Programmänderung (Änderung in der Tagesordnung) ankündigen
anotar algo en el acta	etwas in das Protokoll aufnehmen
escribir el acta	das Protokoll führen
leer el acta	das Protokoll verlesen

hacer una pregunta sobre el reglamento	eine Frage zur Geschäftsordnung stellen
cumplir el reglamento	die Geschäftsordnung einhalten
atenerse al tema / no desviarse del tema	beim Thema bleiben / nicht vom Thema abweichen
desestimar una alegación	einen Einwand zurückweisen
estimar una alegación	einem Einwand stattgeben
¿Quiere decir alguien algo más al respecto? / ¿Quiere manifestarse (pronunciarse) alguien más al respecto?	Möchte noch jemand etwas dazu sagen? / Möchte sich noch jemand dazu äußern?
alzar la mano / pedir la palabra	die Hand heben (sich zu Wort melden) / um das Wort bitten
tomar la palabra	das Wort ergreifen
dar (conceder) la palabra a alg.	jdm. das Wort erteilen
quitar (retirar) a alg. la palabra	jdm. das Wort entziehen
llamar a alg. al orden	jdn. zur Ordnung rufen
participar en una discusión	sich an einer Diskussion beteiligen
remitir preguntas a la asamblea	Fragen an die Versammlung weiterleiten
aplazar la conferencia (la sesión) a la semana próxima	die Konferenz (die Sitzung) auf die nächste Woche vertagen

Ablauf von Konferenzen und Sitzungen

clausurar la conferencia (la reunión, la sesión, etc.)	den Kongress (die Versammlung, die Sitzung usw.) schließen (aufheben)
haber quórum / haber una mayoría cualificada	beschlussfähig sein
tomar una decisión (aprobar una resolución) por unanimidad	einstimmig einen Beschluss fassen (eine Resolution verabschieden)
solicitar que se haga algo	beantragen, dass etwas getan wird
estar preparado (preparada) para la votación	zur Abstimmung bereit sein
votar [sobre] algo	über etwas abstimmen
dar el voto	seine Stimme abgeben
abstenerse [de votar]	sich der Stimme enthalten
votar a favor (en contra)	dafür stimmen / dagegen stimmen
votar de nuevo / repetir la votación	noch einmal abstimmen
votar a favor de algo (alg.) / votar en contra de algo (alg.)	für etwas (jdn.) stimmen / gegen etwas (jdn.) stimmen
por sufragio secreto	in geheimer Wahl
el escrutinio [de los votos]	die Auszählung [der Stimmen]
escrutar los votos	die Stimmen auszählen
5 votos a favor, 2 en contra y 3 abstenciones	5 Stimmen dafür, 2 dagegen und 3 Enthaltungen

Ablauf von Konferenzen und Sitzungen

exigir un recuento de los votos	eine nochmalige Auszählung [der Stimmen] verlangen
presentar una moción [al reglamento]	einen Antrag [zur Geschäftsordnung] stellen (einbringen)
decidir sobre una moción	über einen Antrag entscheiden
estar a favor (en contra) de una moción	für (gegen) einen Antrag sein
aprobar una moción	einen Antrag annehmen
rechazar una moción	einen Antrag ablehnen
La moción ha sido aprobada [por unanimidad].	Der Antrag ist [einstimmig] angenommen.
La moción ha sido rechazada [con 16 votos de 20].	Der Antrag ist [mit 16 von 20 Stimmen] abgelehnt.
La votación ha dado un empate como resultado.	Die Abstimmung hat Stimmengleichheit ergeben.

Register der deutschen Übersetzungen

Das Register erfasst nur die fett gedruckten Diskussionswendungen, nicht aber das Sprachmaterial aus den Anwendungsbeispielen und die *Formulierungen zum organisatorischen Ablauf von Konferenzen und Sitzungen.*

A

abgesehen: davon ~ 53; ~ davon 117

abhängen: von etwas ~ 121

abschließend: ~ möchte ich [noch] Folgendes sagen 113

Abschluss: zum ~ möchte ich [noch] Folgendes sagen 113

abtun: etwas kann nicht einfach [so] abgetan werden 85

Acht: Man darf nicht außer ~ lassen, dass … 45

Ahnung: Ich habe keine ~ 45

ähneln: sich in etwas ~ 81

alles in allem: 53, 113

allgemein: im Allgemeinen 53; ~ gesehen (betrachtet) 65; Man kann ganz ~ sagen, dass … 97

anbelangen: was … anbelangt 15, 123

Anbetracht: in ~ einer Sache 89, 123

anderes: Das ist etwas [ganz] ~ 125

anders: ~ gesagt 111

angehen: was … angeht 15, 121, 123; Das geht Sie (dich) nichts an / Was geht Sie (dich) das an? 125; jdn. [etwas] ~ 127

Angelegenheit: Das ist meine ~ 125

angesichts: ~ einer Sache 89, 123

ankommen: Das (Es) kommt darauf an 53

Anlass: zu etwas ~ geben 63

annehmen: Angenommen, [dass] … / Nehmen wir [einmal] an, [dass] … 133

Ansicht: nach meiner ~ (meiner ~ nach) 27; Ich bin der ~, dass … 29, 35; bei seiner ~ bleiben 33; auf seiner ~ beharren 33; der ~ sein, dass … 35; der gleichen ~ sein wie jd. anders / jds. ~ teilen 35; Ich vertrete die ~, dass … 35; die gleiche ~ vertreten 75

Ansichtssache: Das ist ~ 29

ansprechen: ein Problem ~ 13

Argument: ein ~ vorbringen / ein ~ widerlegen 13

aufbauschen: etwas ~ 61

auffallen: Was mir besonders (vor allem) auffällt (aufgefal-

len ist), ist [die Tatsache], dass
… 43; Es fiel mir [besonders]
auf, dass … 45

Aufmerksamkeit: jds. ~ auf etwas lenken 19

ausdrücken: Ich weiß nicht, ob
ich mich richtig (verständ-
lich/klar [genug]) ausge-
drückt habe 21; anders ausgedrückt 111

ausdrücklich: 43

auslösen: eine Diskussion (eine
Krise, einen Streik, einen
Krieg usw.) ~ 63; etwas ~ 77

Ausnahme: eine (keine) ~ machen 127; Die ~ bestätigt die
Regel 127; eine (keine) ~ bilden 129

Aussage: nach jds. ~ 59

ausschließen: Es ist nicht ganz
(Es ist überhaupt nicht) auszuschließen, dass … 57; die
Möglichkeit ~, etwas zu tun
87

außen vor lassen: etwas ~ 15

außer: 55

aussprechen: sich für (gegen)
etwas (jdn.) ~ 27; sich nachdrücklich gegen etwas ~ 29

B

beachten: ~, dass … 119

beachtet: [praktisch] nicht ~
werden 75

bedenken: Es ist [auch] zu ~,
dass … 43; Aber bedenke
(~ Sie) bitte Folgendes 47;
Man muss (Wir müssen) [je-
doch] ~, dass … 55

Bedeutung: einer Sache große ~
beimessen / einer Sache
mehr ~ beimessen als einer
anderen 41; eine besondere ~
gewinnen / von besonderer ~
sein 41; einer Sache [große] ~
beimessen 63; daher die [gro-
ße] ~ von etwas 111

Bedingung: unter der ~, dass …
119; unter diesen Bedingungen 123

bedürfen: es bedarf einer Sache,
um etwas zu tun 79

befassen: sich mit etwas ~ 75

behaupten: [sogar] so weit gehen zu ~, dass … 43; [in der
Tat / im Gegenteil] ~, dass …
47

Behauptung: Ich möchte mich
[besonders] gegen die ~ wenden, dass … / Ich möchte
[besonders] gegen die ~ protestieren (Einspruch erheben), dass … 21

beimessen: einer Sache [große]
Bedeutung ~ 41, 63; einer Sache mehr Bedeutung ~ als einer anderen 41

beiseite lassen: etwas ~ 15

Beispiel: Das könnte als ~ dienen 17; Hier (Dies) ist ein [gutes/deutliches] ~ für ... 17; ein typisches ~ sein 23; um nur ein ~ anzuführen (zu nennen) 47; mit gutem ~ vorangehen 63

beispielsweise: Nehmen wir ~ [einmal] den Fall des (der) ... 25

bekannt: soweit [uns] ~ ist 55

belassen: es dabei ~ 111

bemerken: [praktisch] nicht bemerkt werden 75; nebenbei bemerkt 107

Bereich: im ~ der Politik (der Technik, der Kunst, der Musik usw.) / in diesem ~ 15

berücksichtigen: Man muss (Wir müssen) [jedoch] ~, dass ... 55; [selbst] wenn man all das berücksichtigt 85; ~, dass ... 119; etwas ~ 135

beruhen: auf Gegenseitigkeit ~ 79; es auf sich ~ lassen 111

besonders: 43

bestehen: das Hauptziel [einer Sache] muss (sollte) darin ~, etwas zu tun 67, 89; es besteht kein Zweifel [daran], dass ... 73

betonen: Ich möchte ~, dass ... 19; Es ist [auch] zu ~, dass ... 43; etwas ~ 49

Betracht: [selbst] wenn man all das in ~ zieht 85

betrachten: Aus dieser Perspektive (diesem Blickwinkel) betrachtet ... 25; als ... betrachtet werden 53; etwas als selbstverständlich ~ 63; allgemein betrachtet 65; ein Problem als gering (unbedeutend) ~ 87

betreffen: was ... betrifft 15, 123; was mich betrifft 39; [unmittelbar] von etwas betroffen sein 125; Das betrifft mich nicht 127

bewegen: sich ~ zwischen ... und ... 75

Bewegung; alle Hebel in ~ setzen, um etwas zu erreichen 49

beweisen: Das wäre erst noch zu ~ 55

bewusst: sich einer Sache [nicht] ~ sein / sich [nicht] der Tatsache ~ sein, dass ... 73; sich einer Sache ~ werden / sich der Tatsache ~ werden, dass ... 83

beziehen: sich auf etwas ~ 131

bezüglich: 121

bis auf: 55

Blick: auf den ersten ~ 85

Blickwinkel: Aus diesem ~ betrachtet ... 25

Boden: an ~ gewinnen (verlieren) 69

D

dafür (= dagegen/hingegen):
99

dafür sein: 31

dagegen (= hingegen/dafür):
99

dagegen sein: 31

daher: 77, 131; ~ die [große] Bedeutung von etwas 111

darüber: 117

denken: ebenso ~ 75; jdm. zu ~
geben 121; Daran habe ich
[gar] nicht (nicht einmal) gedacht 129

dennoch: 119

deshalb: 77

Detail: ins ~ gehen 123

deutlich: um es ganz ~ zu sagen
17; etwas ~ machen 77

diesbezüglich: 117

Ding: den Dingen auf den
Grund gehen 19; Es ist besser,
die Dinge beim Namen zu
nennen 31; So wie die Dinge
zur Zeit liegen (stehen), ist
nichts zu machen 61; Es liegt
in der Natur der Dinge, dass
… 69; die Dinge [unnötig]
komplizieren (kompliziert
machen) 119

Diskussion: eine ~ auslösen 63

dramatisieren: etwas ~ 61

E

ehrlich: ~ gesagt 31

Eindruck: Ich habe den ~, dass
… 59; den ~ machen, dass (als
ob) … 87

einerseits …, andererseits …:
101

Einfluss: einen [großen/gewis-
sen] ~ auf etwas (jdn.) ausüben 65

eingehen: auf ein Problem ~ 13;
Dieses Risiko werden wir
[schon] ~ müssen 97

Einspruch: Ich möchte [beson-
ders] gegen die Behauptung ~
erheben, dass … 21

Einstellung: eine ~ zu jdm. (zu
etwas) haben 37

einstweilen: 129

einteilen: sich in etwas ~ lassen
13

einverstanden: Einverstanden?
27

einwenden: gegen etwas nichts
einzuwenden haben 129

einzig: der (die) Einzige sein,
der (die) etwas tut 49; [nicht]
der (die) Einzige sein, der
(die) glaubt, dass … 93

Elefant: aus einer Mücke einen
Elefanten machen 43

empfehlen: Es empfiehlt sich,
etwas [nicht] zu tun 89

Ende: Das bedeutet letzten En-

des, dass … 89; einer Sache
ein ~ setzen 115

entsinnen: soweit ich mich entsinne 59

entsprechen: einer Sache ~ 119

erfahren: Hast du (Haben Sie) ~,
dass …? 35

Erfahrung: jdm. fehlt es für etwas an der [nötigen] ~ 61; etwas aus ~ wissen 93

erfordern: es erfordert eine Sache, um etwas zu tun 79

ergeben: sich aus etwas ~ 77

erklären: etwas ~ 117

Erklärung: Die ~ [dafür] liegt
[möglicherweise/zweifellos]
in der Tatsache begründet,
dass … 71

erläutern: etwas ~ 117

ernst nehmen: etwas ~ 97

Erwägung: etwas in ~ ziehen 135

erwähnenswert: 41

erwarten: wie zu ~ war 105

erweisen: sich ~, dass … 65

F

Faden: Ich habe [gerade] den ~
verloren 105

Fakt: Konzentrieren wir uns
einmal auf die Fakten 25

Fall: In dem ~, der (In einem ~
wie dem, der) uns [hier] beschäftigt … 15; Nehmen wir
[zum Beispiel / beispielswei-

se] [einmal] den ~ des (der) …
25; [nicht] der ~ sein 73; wie es
oft der ~ ist 81; Auf jeden ~ …
107; im vorliegenden ~ 121; in
diesem ~ 123

fallen: um … % ~ 65

fehlen: Das hat gerade noch gefehlt 31; jdm. fehlt es für etwas
an der [nötigen] ~ 61; et-
was aus ~ wissen … jdm. fehlt es für etwas an der [nötigen] Erfah-
rung 61

feststehen: Für mich steht fest,
dass … 45; Eins steht fest: …
49; Jedenfalls steht fest, dass
… 65; es steht fest, dass … 73,
77

feststellen: Es ist interessant
festzustellen, dass … 41; Was
ich persönlich feststelle
(~ kann) ist [die Tatsache],
dass … 93

finden: Ich finde … interessant
(langweilig, ungerecht usw.)
27; etwas fair (gut, schlecht
usw.) ~ 29; Ich finde, dass …
39

Folge: [negative, gefährliche
usw.] Folgen haben 81

folgen (= resultieren): aus etwas ~ 77

Folgendes: Es ist ~ … 93; Abschließend (Zum Abschluss)
möchte ich [noch] ~ sagen …
113

folglich: 131

Frage: Das ist eine (Das ist keine) ~ von allgemeinem Interesse 17; Eine ~ bleibt noch offen … / Bleibt noch eine ~ … 23; eine ~ erhebt sich (stellt sich) 25; Das kommt nicht in ~ 31; Das steht außer ~ 45; etwas in ~ stellen 87

fragen: Jetzt fragt sich nur noch … 23; Es fragt sich nur, ob (wer, wann, wo, warum usw.) … 23, 133

führen: zu etwas ~ 63, 131

für: ~ etwas sein 31; das Für und Wider 99

G

ganz: ~ und gar nicht / ~ im Gegenteil 45; im Großen und Ganzen 53; im Ganzen gesehen 113

Gebiet: auf dem ~ der Politik (der Technik, der Kunst, der Musik usw.) / auf diesem ~ 15

gedrängt: etwas ~ behandeln (abhandeln) 23

gegen: sich ~ etwas (jdn.) aussprechen 27; sich nachdrücklich ~ etwas aussprechen 29; ~ etwas sein 31; nichts ~ etwas (jdn.) haben 33

Gegensatz: im ~ zu etwas (jdm.) 99; im [völligen] ~ zu etwas stehen 101

Gegenseitigkeit: auf ~ beruhen 79

Gegenteil: [Ganz] im ~ 45, 101; im ~ behaupten, dass … 47

gegenwärtig: 123

gehen: Das geht doch nicht 31; [sogar] so weit ~ zu sagen (behaupten, schreiben usw.), dass … 43; es geht hier nicht darum, etwas zu tun 57; es geht um etwas 79; es geht darum, etwas zu tun 79, 131

gelten: als ~ … 53; das Gleiche gilt auch für … 69

gemeinsam: etwas ~ haben 81

genau genommen: 107

Gesellschaft: Du befindest dich (Sie befinden sich) in guter ~ 69

gestehen: Ich muss ~, dass … 37

Gewinn: aus etwas ~ ziehen 77

gewissermaßen: 53

glauben: Ich glaube, dass … 29; Ich glaube, du irrst dich (Sie irren sich) 29; Ich persönlich glaube, dass … 33; Du kannst (Sie können) [es] mir ~ 47; Glaube (~ Sie) mir 47; Das kannst du (können Sie) [mir] ~ 47; wenn man den Umfragen (den Zeitungen, den Gerüchten usw.) ~ darf 59

gleich: Ich wollte [gerade] genau das Gleiche sagen 21; das Gleiche gilt auch für … 69;

Das kommt (läuft) auf das Gleiche hinaus 127

gliedern: sich in etwas ~ 13

Grad: bis zu einem gewissen Grade 55

Grenzfall: Das ist ein ~ 67

groß: im Großen und Ganzen 53

Grund: [jdm.] die Gründe darlegen 17; den Dingen (der Sache) auf den ~ gehen 19; im Grunde [genommen] 57, 67; aus diesem ~ 77

Grundgedanke: der ... von etwas 127

H

halten: Ich weiß nicht, was ich davon ~ soll 33; etwas für selbstverständlich ~ 63; zu jdm. ~ 125

Hand: es liegt auf der ~, dass ... 69

Hauptsache: Das ist die ~ 89; ~ ist, dass ... 91

Hauptziel: das ~ [einer Sache] muss (sollte) darin bestehen, etwas zu tun 67, 89; mein (dein, sein usw.) ~ ist [es] (besteht darin), etwas zu tun 71

Hebel: alle ~ in Bewegung setzen, um etwas zu erreichen 49

heißen: Im Klartext heißt das, dass ... 17; das heißt 125; das heißt, dass ... 125

herumreden: um etwas ~ 87

herunterspielen: etwas ~ 77

hervorgehen: aus etwas ~ 65

hervorheben: Ich möchte ~, dass ... 19; etwas ~ 49

hierüber: 117

hinauskommen: Das kommt auf dasselbe (das Gleiche) hinaus 127

hinauslaufen: Das läuft auf dasselbe (das Gleiche) hinaus 127

hinauswollen: Worauf willst du (wollen Sie) hinaus? 117

hingegen: 99

hinsehen: Wenn man [einmal] genauer (näher) hinsieht, kann man (wird man) feststellen, dass ... 95

Hinsicht: in politischer (juristischer, wissenschaftlicher usw.) ~ 21; in gewisser ~ 53

hinsichtlich: 121

hinweggehen: über etwas kann nicht einfach [so] hinweggegangen werden 85

hinweisen: mit Nachdruck auf etwas ~ 49; Es ist darauf hinzuweisen, dass ... 49; jdn. darauf hinweisen, dass ... 127

hinzufügen: Hast du (Haben Sie) noch etwas hinzuzufügen? 33

hochspielen: etwas ~ 61

hören: Wenn man Sie (dich) [so] [reden] hört, könnte man meinen, dass … 13; Ich habe gehört, dass … 55; soweit ich gehört habe 55

Hypothese: eine ~ vorbringen 13; eine ~ bestätigen 63

I

Idee: die [einer Sache] zugrundeliegende ~ 71; Auf die ~ bin ich [gar] nicht gekommen 129

infolgedessen: 131

inkonsequent: ~ sein 79

irgendwie: 53

irren: Ich glaube, du irrst dich (Sie irren sich) 29; wenn ich mich nicht irre 59; jd. irrt sich [sehr/gewaltig], wenn er sagt, dass … 85

J

je nachdem: 53, 131

jedenfalls: ~ steht fest, dass … 65; ~ … 107, 109

jeder Dritte (Vierte, Fünfte usw.): 83

K

keineswegs: 45

Kind: Es ist besser, das ~ beim Namen zu nennen 31

klar: Ich weiß nicht, ob ich mich ~ [genug] ausgedrückt habe 21; Ich möchte, dass ~ ist, dass … 47; Man muss es einmal ganz ~ [und deutlich] sagen / Es muss einmal ganz ~ [und deutlich] gesagt werden 49; es ist klar, dass … 69

klären: etwas ~ 117

klarstellen: Ich möchte ~, dass … 19, 47

klipp und klar: etwas ~ sagen 29

knapp: etwas ~ behandeln (abhandeln) 23

Konsequenz: [negative, gefährliche usw.] Konsequenzen haben 81

Kontakt: den ~ zu jdm. verlieren 75

Kopf: den Nagel auf den ~ treffen 41

Kraft: in ~ treten 67

kurz und gut: 111

kurzum: 111

L

Lehre: Die ~, die man daraus (aus all dem) ziehen kann ist, dass … 91

leisten: es sich nicht ~ können, etwas zu tun 73

Leitgedanke: der ~ von etwas 127

leugnen: Es lässt sich nicht ~, dass ... 45

Licht: für etwas grünes ~ geben 63

Lied: Davon kann ich ein ~ singen 125

lösen: ein Problem ~ 81

Lösung: eine [zufriedenstellende] ~ für ein Problem suchen (finden) 61; für etwas keine ~ anzubieten haben 73; Die einfachste ~ ist [die] ... 91

M

Maßnahme: Maßnahmen ergreifen, die auf etwas abzielen 117

meinen: Wenn man Sie (dich) [so] [reden] hört, könnte man ~, dass ... 13; Das zeigt [gut], was ich meine 17; Was meinst du (~ Sie) damit [genau]? 21; Ich meine, dass ... 29, 39; ~ mit ... 131

Meinung: nach meiner ~ / meiner ~ nach 27; seine ~ ändern 27; eine ~ teilen 27; Ich bin [ganz/völlig] deiner (Ihrer) ~ / Ich bin nicht [keineswegs / durchaus nicht] deiner (Ihrer) ~ 27; Ich bin der ~, dass ... 29, 35; seine ~ äußern (sagen/vorbringen) 29; sich eine ~ über etwas (jdn.) bilden

31; bei seiner ~ bleiben 33; auf seiner ~ beharren 33; der ~ sein, dass ... 35; Ich vertrete die ~ , dass ... 35; [genau] der gleichen ~ sein wie jd. anders / jds. ~ teilen 35; über (bei) etwas geteilter ~ sein 37; eine vorgefasste ~ 37; eine ~ über (zu) etwas 37; bei etwas [ganz] unterschiedlicher ~ sein 43

merkwürdigerweise: 91

Mitspracherecht: bei etwas ein ~ haben 83

möglicherweise: Die Erklärung [dafür] liegt ~ in der Tatsache begründet, dass ... 71

Möglichkeit: die ~ ausschließen, etwas zu tun 87; jds. Möglichkeiten [etwas zu tun] sind gering 91

Mücke: aus einer ~ einen Elefanten machen 43

Mund: Du nimmst (Sie nehmen) mir das Wort aus dem ~ 21

mutmaßen: über etwas nur ~ können 81

N

nach (= zufolge): ... ~ 57; ~ jds. Aussage 59

nachdenken: Wenn man [einmal] richtig darüber nach-

denkt, muss man sagen, dass
... 95; über etwas [genau] ~
129
nachdenklich: [jdn.] ~ stimmen
121
Nachdruck: mit ~ auf etwas
hinweisen 49
nachgehen: den Ursachen [von
etwas] ~ 131
Nachteil: die Vor- und Nachteile 99
Nagel: den ~ auf den Kopf treffen 41
nebenbei: ~ bemerkt (gesagt)
107
nehmen: Du nimmst (Sie ~) mir
das Wort aus dem Mund 21; ~
wir [zum Beispiel / beispiels-
weise] [einmal] den Fall des
(der) ... 25; ~ wir [einmal] an,
[dass] ... 133
neigen: dazu ~, etwas zu tun 95
nützen: es nützt nichts, etwas
zu.tun 73; Was nützt das (es)
[schon], etwas zu tun? 93

O

offen: Eine Frage bleibt noch ~
... 23; ~ gesagt 31; um es
[ganz] ~ zu sagen 47
offenbar: 131
offensichtlich: 131

P

paradox: Das Paradoxe an der
Situation ist, dass ... 101
Perspektive: Aus dieser ~ betrachtet ... 25
praktisch: 99
Praxis: in der ~ 99; etwas in
die ~ umsetzen 129
Problem: ein ~ ansprechen / auf
ein ~ eingehen 13; [jdm.] das ~
darlegen 17; eine [zufrieden-
stellende] Lösung für ein ~
suchen (finden) 61; ein ~ aufwerfen (mit sich bringen) 75;
ein ~ lösen 81; ein ~ als gering
(unbedeutend) betrachten 87
profitieren: von etwas ~ 77
protestieren: Ich möchte [be-
sonders] gegen die Behauptung ~, dass ... 21
Punkt: Kommen wir auf den ~
25; Kommen wir [nun/jetzt]
zum nächsten ~ 25

R

ratsam: Es ist ~, etwas [nicht] zu
tun 89
realisieren: etwas ~ 129
Recht: mit (zu) ~ 87
recht geben: Da gebe ich Ihnen
(dir) [allerdings] recht / Da
muss ich Ihnen (dir) [aller-
dings] ~15

recht haben: Du hast (Sie haben) völlig recht, wenn du sagst (Sie sagen), dass ... 37; jd. hat [völlig] recht, wenn er sagt, dass ... 85; Da hast du (haben Sie) recht 89

reden: Wenn man Sie (dich) [so] ~ hört, könnte man meinen, dass ... 13

Regel: in der ~ 53; Die Ausnahme bestätigt die ~ 127

Risiko: Dieses ~ werden wir [schon] eingehen müssen 97

riskieren: Das werden wir [schon] ~ müssen 97

Rolle: bei etwas eine große (wichtige) ~ spielen 69

S

Sache: der ~ auf den Grund gehen 19; [Kommen wir] zur ~ 25

sagen: um es ganz deutlich zu ~ 17; Was ich ~ wollte ist, dass ... 19, 21; Was willst du (wollen Sie) damit [genau] ~ ? 21; Ich wollte [gerade] genau das Gleiche (dasselbe) ~ 21; seine Meinung ~ 29; etwas unmissverständlich (klipp und klar) ~ 29; offen gesagt / ehrlich gesagt 31; Hast du (Haben Sie) dazu nichts zu ~ ? 33; Ich würde [eher/fast] ~, dass ... /

Ich würde mich [fast] trauen zu ~, dass ... 39; Ich würde nicht ~, dass ... 39; um es [ganz] offen zu ~ 47; Man muss es einmal ganz klar [und deutlich] ~ / Es muss einmal ganz klar [und deutlich] gesagt werden ... 49; Es wurde gesagt, dass ... 55; Man kann mit Sicherheit ~, dass ... 79; Man kann ganz allgemein ~, dass ... 97; wie du sagst / wie Sie ~ 105; wie gesagt / wie ich [dir/Ihnen] schon gesagt habe 105; wie soll ich ~(?) 105; nebenbei gesagt 107; [Also] ~ wir mal, ... 107; Was soll ich Ihnen ~ ? 107; wenn ich [einmal/mal] so ~ darf 109; anders gesagt 111; Was willst du (wollen Sie) damit ~? 117; ~ wollen mit ... 131; Ich will dir (Ihnen) mal was ~ ... 135

Satz: sich mit einem [einzigen] ~ zusammenfassen lassen 113

Schein: Der ~ trügt 101

Scherz: ~ beiseite 105

schließen: aus etwas ~, dass ... 23

Schluss: einen ~ aus etwas ziehen 23; aus etwas den ~ ziehen, dass ... 23; wir müssen [endlich / endlich einmal]

Register der deutschen Übersetzungen 153

mit etwas ~ machen 115; ich muss zum ~ kommen 115; All das lässt uns zu dem ~ kommen (gelangen), dass … 115; um zum ~ zu kommen … 115

Schlüssel: der ~ zu einer Sache liegt in etwas 71

schlussfolgern: aus etwas ~, dass … 23

Schlussfolgerung: eine ~ aus etwas ziehen 23

schreiben: [sogar] so weit gehen zu ~, dass … 43

Schulter: etwas auf die leichte ~ nehmen 97

schwanken: ~ zwischen … und … 75

Schwierigkeit: eine ~ überwinden (meistern) 133

sehen: politisch (juristisch, wissenschaftlich usw.) gesehen 21; allgemein gesehen 65; Wie ich sehe, … 83; im Ganzen gesehen 113

sein: Wie dem auch sei, … 109

Seite: auf der einen ~ …, auf der anderen ~ … 101; auf jds. ~ stehen 125

selbstverständlich: etwas für ~ halten, (als ~ betrachten) 63

Selbstzweck: ein ~ sein 133

seltsamerweise: 91

Sicherheit: Man kann mit ~ sagen, dass … 79

Sicht: aus der ~ von jdm. 121; aus dieser ~ 121

Sinn: in gewissem Sinne 53; einer Sache ~ geben 65

skizzieren: etwas ~ 113

so viel dazu: 111

so weit für heute: 115

sofern: 119

soweit: ~ [uns] bekannt ist 55; ~ ich verstanden (gehört) habe 55; ~ ich weiß 57; ~ ich mich entsinne 59

sozusagen: 57

Spaß: ~ beiseite 105

spekulieren: über etwas nur ~ können 81

spezialisieren: sich auf etwas ~ 67

Spiel: auf dem ~ stehen 127

Spielraum: jdm. bei etwas einen großen (gewissen) ~ gewähren (zubilligen) 61

sprechen: noch einmal auf etwas zu ~ kommen 25

Standpunkt: von jds. ~ aus 121; von diesem ~ aus 121

steigen: um … % ~ 81

Stein: ein Tropfen auf den heißen ~ sein 81

Stelle: Wenn ich an deiner (Ihrer) ~ wäre, … 35

stichhaltig: ~ sein 95

stimmen: Es stimmt zwar, dass

..., aber im Grunde [genommen] ... 57

streng genommen: 107

summa summarum: 113

summarisch: etwas ~ behandeln (abhandeln) 23

T

Tat: in der ~ behaupten, dass ... 47; etwas in die ~ umsetzen 129

Tatsache: Konzentrieren wir uns einmal auf die Tatsachen 25; Was mir besonders (vor allem) auffällt (aufgefallen ist), ist die ~, dass ... 43; ~ ist, dass ... 65; Es ist eine allgemein anerkannte ~, dass ... 67; Die Erklärung [dafür] liegt [möglicherweise/zweifellos] in der ~ begründet, dass ... 71; sich [nicht] der ~ bewusst sein, dass ... 73; sich der ~ bewusst werden, dass ... 83; Was ich persönlich feststelle (feststellen kann), ist die ~, dass ... 93

Teil: ich für meinen ~ 39; zum ~ richtig (wahr) sein 93; zum ~ 129

teilweise: 129

Tendenz: Wenn die gegenwärtige ~ anhält, ... 95

theoretisch: 99

Theorie: in der ~ 99

trauen: Ich würde mich [fast] ~ zu sagen, dass ... 39

Tropfen: ein ~ auf den heißen Stein sein 81

trotzdem: 119

tun: nichts mit etwas zu ~ haben 75; es mit etwas (jdm.) zu ~ haben 133

typisch: ein typisches Beispiel sein 23; für etwas (jdn.) ~ sein 133

U

Überblick: jdm. einen [kurzen] ~ über etwas geben 15

überdenken: etwas [genau] ~ 129

überschätzen: etwas (jdn.) ~ 95

übersehen: Man darf nicht ~, dass ... 45

überzeugt: [fest] davon ~ sein, dass ... 31

umfassen: etwas von ... bis ... ~ 61

Umfrage: wenn man den Umfragen glauben darf 59

umgekehrt: ... und ~ 103

umreißen: etwas [kurz] ~ 113

Umschweife: etwas ohne ~ sagen 29

Umstand: unter diesen (den gegebenen) Umständen 123

umstritten: Das ist sehr ~ 53

unbeachtet: [praktisch] ~ bleiben 75

unbemerkt: [praktisch] ~ bleiben 75

und so fort: 127

und so weiter: 127

ungeachtet: dessen ~ 119

unmissverständlich: etwas ~ sagen 29

unrecht haben: Du hast (Sie haben) unrecht, wenn du sagst (Sie sagen), dass … 33; Da hast du (haben Sie) unrecht 89

Unsinn: Was für ein ~ 37

unterschätzen: etwas (jdn.) ~ 91

unterscheiden: Man muss (Wir müssen) ~ zwischen … und … 99

unterstreichen: Ich möchte ~, dass … 19

unvereinbar: mit etwas ~ sein 101

unwahrscheinlich: Es ist nicht ganz (Es ist überhaupt nicht) ~, dass … 57

Ursache: den Ursachen von etwas nachgehen 131

Urteil: sich ein [endgültiges] ~ über etwas (jdn.) bilden 91

urteilen: nach etwas zu ~ 85

V

verbessern: sich ~ (besser werden) 71

verbunden: eng miteinander ~ sein 69

vergegenwärtigen: ~ wir uns [noch einmal] kurz … 113

Vergleich: im ~ zu etwas (jdm.) 121

vergleichen: verglichen mit etwas (jdm.) 121

verhalten: [ganz] genauso verhält es sich auch mit … 69

verknüpft: eng miteinander ~ sein 69

Vermutung: eine ~ bestätigen 63; über etwas nur Vermutungen anstellen können 81

verschlechtern: sich ~ (schlechter werden) 71

verständlich: Ich weiß nicht, ob ich mich ~ augedrückt habe 21

verständlicherweise: 107

verstehen: Ich weiß nicht, ob Sie (du) mich richtig verstanden haben (hast) 19; [Also] ich verstehe überhaupt nichts mehr 41; soweit ich verstanden habe 55; wenn ich recht [richtig] verstanden habe 59; es versteht sich von selbst, dass … 79; ~ unter … 123; Das versteht sich von selbst 125

vor allem: 43; Was mir ~ auffällt

(aufgefallen ist), ist [die Tatsache], dass … 43

voraussehen: Es ist [schon jetzt] vorauszusehen, dass … 93

voraussetzen: vorausgesetzt, dass … 119

vorbringen: ein Argument (eine Hypothese) ~ 13; seine Meinung ~ 29

voreingenommen: etwas (jdm.) gegenüber ~ sein 35

vorhersagen: Das kann niemand [genau] ~ 73

vorhersehen: Das kann niemand [genau] ~ 73

vorkommen: wie es oft vorkommt 81

vorläufig: 129

Vorteil: die Vor- und Nachteile 99

Vorurteil: etwas (jdm.) gegenüber Vorurteile haben 35

Vorwand: unter dem ~, [dass] … 119

W

Wahl: keine andere ~ haben, als etwas zu tun 75

Weg: Das ist gewiss (freilich/zwar) nicht der einfachste ~, aber … 87

Weise: in gewisser ~ 53; auf diese ~ 121

wichtig: [Und] was noch wichtiger ist … 51; darum ist es [so] ~ etwas zu tun 111

widersinnig: Das Widersinnige an der Situation ist, dass … 101

Wirkung: eine positive (negative) ~ auf etwas (jdn.) haben (ausüben) 133

wissen: Ich weiß nicht, was ich davon halten soll 33; Ich weiß es [wirklich] nicht 45; Ich weiß sehr wohl, dass … 49; nicht dass ich wüsste 57; Man kann nie ~ 57; soweit ich weiß 57; etwas aus Erfahrung ~ 93

Wissen: meines Wissens 57

Wort: Du nimmst (Sie nehmen) mir das ~ aus dem Mund 21; mit anderen Worten 111; mit einem ~ 111; sich mit einem [einzigen] ~ zusammenfassen lassen 113

wozu: ~ etwas tun? 93

wünschen: [sehr] zu ~ übriglassen 87

Z

Zeichen: Es ist ein gutes (schlechtes) ~, dass … 89

Zeit: Es ist (wird) [höchste] ~, dass … 37; So wie die Dinge zur ~ liegen (stehen), ist nichts zu machen 61; zur ~ 123

Register der deutschen Übersetzungen 157

zuallererst: 13

zuerst: 13

zufolge: ... ~ 57

zugeben: Ich muss ~, dass ... 37;
Man muss ~, dass ... 45

zunächst: 13

zurückführen: auf etwas zurückzuführen sein 119

zurückkommen: noch einmal
auf etwas ~ 25

zusammenfassen: Also fassen
wir [noch einmal] [kurz] zusammen ... 111; Zusammen-
fassend kann man sagen, dass

... 113; sich mit einem [einzi-
gen] Wort (einem [einzigen]
Satz) ~ lassen 113; Wenn wir
[noch einmal] kurz ~, stellen
wir fest, dass ... 113

zwecklos: es ist ~, dass ... 73

Zweifel: Daran habe ich nicht
den geringsten ~ 45; es steht
außer ~, dass ... / es besteht
kein ~ [daran], dass ... 73

zweifellos: Die Erklärung [da-
für] liegt ~ in der Tatsache begründet, dass ... 71